Die 500++ Top Hits
des 20. Jahrhunderts

Markus Penzkofer

Dritte Ausgabe
Mai 2025

Die QR-Code Jukebox
Hits des 20. Jahrhunderts
2025

Markus Penzkofer

Version 1.0
Mai 2025

© 2025 Markus Penzkofer
Verlag: BoD · Books on Demand GmbH,
Überseering 33, 22297 Hamburg, bod@bod.de
Druck: Libri Plureos GmbH,
Friedensallee 273, 22763 Hamburg
ISBN: 978-3-7583-4021-5

Inhaltsverzeichnis

8 Twist und Pop-Rock-Mix der 1960er   74

25 Witzige Schlager

Kapitel 1

Die 500++ Top Hits des 20. Jahrhunderts

Nach dem Motto von Hans Clarin, der sich in seinen Mußestunden für alle Musik interessierte, habe ich inzwischen über 700 hervorragende Titel aus dem 20. Jahrhundert zusammengestellt. Innerhalb der Epochen ist die Anordnung nicht streng chronologisch, eher habe ich darauf geachtet, dass alle Titel eines Komponisten bzw. Interpreten beisammen stehen.

Falls Sie also einige Titel der letzten Jahre vermissen, muss ich sagen, dass ich für die Oldies einen Maßstab von 25 Jahren wie beim Oldtimer-Auto herangezogen habe. Eine solche Auswahl ist immer etwas subjektiv, ich habe mich aber bemüht von möglichst vielen Bereichen Musikstücke auszuwählen.

Bewusst ist das Buch kurz und knapp gehalten, damit das Ganze übersichtlich bleibt. Aufgelistet sind jeweils der genaue Titel, der Komponist bzw. Interpret, das Jahr der Veröffentlichung bzw. Erstaufführung, das Genre und ggf. noch weitere wissenswerte Anmerkungen. Zu jedem Titel gehört mindestens ein QR-Code, der zu einem Musik-Video auf YouTube führt; bei mehrfachen Versionen oder Cover-Versionen wurde noch ein zweiter QR-Code ergänzt. Wenn man die Kamera des Smartphones oder Tablets kurz über den QR-Code hält, sollte der entsprechende Link angezeigt werden, den man nur noch anwählen muss - und schon steht dem Musikgenuss nichts mehr im Wege!

Alles wurde mit größter Sorgfalt erfasst und aufbereitet. Kritik, Anregungen und Vorschläge für weitere Titel werden unter gearwheelsoft2@hotmail.com gerne entgegengenommen.
Viel Freude beim Nachschlagen und Anhören!

Kapitel 2

Rag Time, Swing und Jazz (1910-1945)

2.1 (1) Maple Leaf Rag

Titel: Maple Leaf Rag

Komponist: Scott Joplin

Veröffentlichung: 1899

Gattung: früher Ragtime

Abbildung 2.1: Maple Leaf Rag: Scott Joplin

2.2 (2) Tiger Rag

Titel: Tiger Rag

Komponist: Nick LaRocca

Veröffentlichung: 1917

Bemerkung: entwickelte sich rasch zum Jazzstandard

Abbildung 2.2: Tiger Rag: Nick LaRocca

2.3 (3) Black Bottom

Titel: Black Bottom

Komponist: Ray Henderson

Erstaufführung: 1926

Gattung: Tanz zu Jazzmusik in synkopiertem Viervierteltakt

Bemerkung: die Melodie war schon vor Ray Henderson bekannt

Abbildung 2.3: Black Bottom: Ray Henderson

2.4   (4) Rhapsody in Blue

Titel: Rhapsody in Blue

Komponist: George Gershwin

Erstaufführung: 1924

Gattung: Orchesterstück

Bemerkung: Gershwin avancierte zum Broadwaykomponisten

Abbildung 2.4: Rhapsody in Blue: George Gershwin

2.5   (5) I Got Rhythm

Titel: I Got Rhythm

Komponist: George Gershwin

Erstaufführung: 1930

Bemerkung: entwickelte sich zum Jazzstandard

Abbildung 2.5: I Got Rhythm: George Gershwin

2.6 (6) In the Mood

Titel: In the Mood

    Komponist: Glenn Miller

    Erstaufführung: 1939

    Gattung: Jazz-Titel

    Bemerkung: die Herkunft der Melodie ist sehr umstritten

Abbildung 2.6: In the Mood: Glenn Miller

2.7 (7) Over The Rainbow

Titel: Over The Rainbow

    Komponist 1: Glenn Miller

    Erstaufführung 1: 1939

    Komponist 2: Israel Kamakawiwo'ole

    Erstaufführung 2: 1988

    Bemerkung: im Musicalfilm "Der Zauberer von Oz" (1939), zahlreiche Cover

Abbildung 2.7:
Over The Rainbow:
Glenn Miller

Abbildung 2.8:
Over The Rainbow:
Israel Kamakawiwo'ole

2.8 (8) Chattanooga Choo Choo

Titel: Chattanooga Choo Choo

    Komponist 1: Glenn Miller

    Erstaufführung 1: 1941

    Komponist 2: Udo Lindenberg

    Erstaufführung 2: 1983

    Gattung: Swing-Titel

    Bemerkung: stellt die Fahrt mit einer Dampflok dar, dt. Cover "Sonderzug von Pankow" von Udo Lindenberg

Abbildung 2.9:
Chattanooga Choo Choo:
Glenn Miller

Abbildung 2.10:
Chattanooga Choo Choo:
Udo Lindenberg

2.9 (9) Pennsylvania 6-5000

Titel: Pennsylvania 6-5000

    Komponist: Glenn Miller

    Erstaufführung: 1940

    Gattung: Swing

    Bemerkung: inspiriert durch die Telefon-Nummer eines Hotels in New York

Abbildung 2.11: Pennsylvania 6-5000: Glenn Miller

2.10 (10) Sing, Sing, Sing

Titel: Sing, Sing, Sing

    Komponist: Benny Goodman

    Erstaufführung: 1936

    Gattung: Big Band-Swing

    Bemerkung: Jazzstandard

Abbildung 2.12: Sing, Sing, Sing: Benny Goodman

2.11 (11) You're the Cream in My Coffee

Titel: You're the Cream in My Coffee

    Komponist: Ray Henderson

    Erstaufführung: 1927

Bemerkung: zahlreiche Cover, auch Max Raabe

Abbildung 2.13: You're the Cream in My Coffee: Ray Henderson

2.12 (12) Cosi Cosa

Titel: Cosi Cosa

Interpret: Allan Jones

Veröffentlichung: 1938

Bemerkung: im Film der Marx Brothers "A Night at the Opera" (1935)

Abbildung 2.14: Cosi Cosa: Allan Jones

2.13 (13) Honolulu Baby

Titel: Honolulu Baby

Interpret: Weintraubs Syncopators

Veröffentlichung: 1933

Bemerkung: im Film "Sons of the Desert" (1933) mit Stan und Ollie (dt. Titel "Die Wüstensöhne")

Abbildung 2.15: Honolulu Baby: Weintraubs Syncopators

2.14 (14) Cheek to Cheek

Titel: Cheek to Cheek

Interpret: Fred Astaire (und Ginger Rogers)

Veröffentlichung: 1935

Bemerkung: im Film "Top Hat", dt. Titel "Ich tanz' mich in dein Herz hinein" (1935)

Abbildung 2.16: Cheek to Cheek: Fred Astaire (und Ginger Rogers)

2.15 (15) My Blue Heaven

Titel: My Blue Heaven

Interpret: Gene Austin

Veröffentlichung: 1927

Bemerkung: oft in Filmen verwendet

Abbildung 2.17: My Blue Heaven: Gene Austin

Kapitel 3

Text und Melodie stehen im Vordergrund (1930er)

3.1 (16) Ein Freund, ein guter Freund

Titel: Ein Freund, ein guter Freund

Interpret: Comedian Harmonists

Erstaufführung: 1930

Bemerkung: im Film "Die Drei von der Tankstelle" (Willy Fritsch, Oskar Karlweis und Heinz Rühmann) von 1930

Abbildung 3.1: Ein Freund, ein guter Freund: Comedian Harmonists

3.2 (17) Wochenend und Sonnenschein

Titel: Wochenend und Sonnenschein

Interpret: Comedian Harmonists

Erstaufführung: 1930

Bemerkung: engl. Original "Happy Days are here again" (1929)

Abbildung 3.2: Wochenend und Sonnenschein: Comedian Harmonists

3.3   (18) Schöne Isabella aus Kastilien

Titel: Schöne Isabella aus Kastilien

Interpret: Comedian Harmonists

Erstaufführung: 1932

Abbildung 3.3: Schöne Isabella aus Kastilien: Comedian Harmonists

3.4   (19) Irgendwo auf der Welt

Titel: Irgendwo auf der Welt

Interpret: Comedian Harmonists

Erstaufführung: 1932

Bemerkung: im Film "Ein blonder Traum" (1932)

Abbildung 3.4: Irgendwo auf der Welt: Comedian Harmonists

3.5   (20) Mein kleiner grüner Kaktus

Titel: Mein kleiner grüner Kaktus

Interpret: Comedian Harmonists

Erstaufführung: 1934

Bemerkung: die Melodie komponierten Bert Reisfeld und Rolf Marbot

Abbildung 3.5: Mein kleiner grüner Kaktus: Comedian Harmonists

3.6 (21) Ich wollt' ich wär ein Huhn

Titel: Ich wollt' ich wär ein Huhn

Interpret: Comedian Harmonists

Erstaufführung: 1936

Abbildung 3.6: Ich wollt' ich wär ein Huhn: Comedian Harmonists

3.7 (22) Ein Lied geht um die Welt

Titel: Ein Lied geht um die Welt

Komponist: Hans May

Veröffentlichung: 1933

Bemerkung: einige Cover-Versionen

Abbildung 3.7: Ein Lied geht um die Welt: Hans May

3.8 (23) Dream a Little Dream of Me

Titel: Dream a Little Dream of Me

Interpret 1: Cass Elliot

Veröffentlichung 1: 1968

Interpret 2: Max Raabe und Palast Orchester

Veröffentlichung 2: 2012

Genre: Vocal Jazz/Pop

Bemerkung: eines der am häufigsten gecoverten Stücke! Komponiert bereits 1931 von Fabian Andre und Wilbur Schwandt sowie Gus Kahn (Text)

Abbildung 3.8:
Dream a Little Dream of Me:
Cass Elliot

Abbildung 3.9:
Dream a Little Dream of Me:
Max Raabe und Palast Orchester

3.9 (24) Tico-Tico no Fubá

Titel: Tico-Tico no Fubá

Komponist: Zequinha de Abreu

Erstaufführung: 1917

Gattung: brasilianischer Choro mit lateinamerikanischem Rhythmus

Abbildung 3.10: Tico-Tico no Fubá: Zequinha de Abreu

3.10 (25) Boléro

Titel: Boléro

Komponist: Maurice Ravel

Erstaufführung: 1928

Gattung: Orchesterstück mit durchgängigem Rhythmus (Tanzgattung)

Abbildung 3.11: Boléro: Maurice Ravel

3.11 (26) El Manisero

Titel: El Manisero

Komponist: Moises Simons

Veröffentlichung: 1930

Genre: Son-pregón

Bemerkung: lateinamerikanische Musik aus Havanna, oft in Filmen verwendet

Abbildung 3.12: El Manisero: Moises Simons

3.12 (27) Mackie Messer

Titel: Mackie Messer

Komponist: Kurt Weill, Bertolt Brecht

Erstaufführung: 1928

Gattung: Moritat und bekanntestes Lied aus dem Theaterstück "Die Dreigroschenoper"

Abbildung 3.13: Mackie Messer: Kurt Weill, Bertolt Brecht

3.13 (28) Ich bin von Kopf bis Fuß auf Liebe eingestellt

Titel: Ich bin von Kopf bis Fuß auf Liebe eingestellt

Interpret: Marlene Dietrich

Veröffentlichung: 1930

Bemerkung: im Film "Der Blaue Engel" (1930)

Abbildung 3.14: Ich bin von Kopf bis Fuß auf Liebe eingestellt: Marlene Dietrich

3.14 (29) Auf der Reeperbahn nachts um halb eins

Titel: Auf der Reeperbahn nachts um halb eins

Interpret: Hans Albers

Veröffentlichung: 1936

Bemerkung: im Film "Große Freiheit Nr. 7" (1944)

Abbildung 3.15: Auf der Reeperbahn nachts um halb eins: Hans Albers

Kapitel 4

Chansons der 1930er bis 1960er

4.1 (30) Lili Marleen

Titel: Lili Marleen

Interpret: Lale Andersen

Veröffentlichung: 1939

Genre: Chanson/Schlager

Bemerkung: deutsches und internationales klassisches Soldatenlied

Abbildung 4.1: Lili Marleen: Lale Andersen

4.2 (31) O mein Papa

Titel: O mein Papa

Interpret: Eddie Calvert

Veröffentlichung: 1939

Genre: Chanson/Schlager

Bemerkung: das Lied aus der musikalischen Komödie "Der schwarze Hecht" (1939) wurde später zum Evergreen

Abbildung 4.2: O mein Papa: Eddie Calvert

4.3   (32) La Paloma

Titel: La Paloma

Komponist: Sebastian Iradier

Veröffentlichung: um 1863

Genre: Habanera

Bemerkung: ist in verschiedensten Sprachvarianten zum Welthit geworden, wurde in Deutschland 1944 erstmals von Hans Albers popularisiert

Abbildung 4.3: La Paloma: Sebastian Iradier

4.4   (33) J'attendrai

Titel: J'attendrai

Interpret: Rina Ketty (Cesarina Picchetto)

Veröffentlichung: 1938

Genre: Chanson

Bemerkung: franz. Version des italien. Lieds "Tornerai" (1936), in manchen Filmen verwendet

Abbildung 4.4: J'attendrai: Rina Ketty (Cesarina Picchetto)

4.5   (34) La Mer

Titel: La Mer

Interpret: Charles Trenet

Veröffentlichung: 1946

Genre: Chanson

Bemerkung: zahlreiche Cover

Abbildung 4.5: La Mer: Charles Trenet

4.6   (35) Non, je ne regrette rien

Titel: Non, je ne regrette rien
  Interpret: Édith Piaf
  Veröffentlichung: 1960
  Genre: Chanson

Abbildung 4.6: Non, je ne regrette rien: Édith Piaf

4.7   (36) Milord

Titel: Milord
  Interpret: Édith Piaf
  Veröffentlichung: 1958
  Genre: Chanson

Abbildung 4.7: Milord: Édith Piaf

4.8   (37) La vie en rose

Titel: La vie en rose
  Interpret: Édith Piaf
  Veröffentlichung: 1935

Abbildung 4.8: La vie en rose: Édith Piaf

4.9   (38) Hymne à l'Amour

Titel: Hymne à l'Amour

Interpret: Édith Piaf

Veröffentlichung: 1950

Genre: Chanson

Abbildung 4.9: Hymne à l'Amour: Édith Piaf

4.10   (39) Waterloo Road / Les Champs-Élysées

Titel: Waterloo Road / Les Champs-Élysées

Interpret 1: Jason Crest

Veröffentlichung 1: 1968

Interpret 2: Joe Dassin

Veröffentlichung 2: 1969

Genre: Chanson

Abbildung 4.10:
Waterloo Road / Les Champs-Élysées:
Jason Crest

Abbildung 4.11:
Waterloo Road / Les Champs-Élysées:
Joe Dassin

4.11   (40) My Baby just cares for Me

Titel: My Baby just cares for Me

Interpret 1: Eddie Cantor

Veröffentlichung 1: 1930

Interpret 2: Nina Simone

Veröffentlichung 2: 1957

Genre: entwickelte sich zum Jazzstandard

Bemerkung: im Film "Whoopee!" (1930)

Abbildung 4.12:
My Baby just cares for Me:
Eddie Cantor

Abbildung 4.13:
My Baby just cares for Me:
Nina Simone

4.12 (41) Lollipop

Titel: Lollipop

    Interpret: The Chordettes

    Veröffentlichung: 1958

    Bemerkung: häufig gecovertes Lied

Abbildung 4.14: Lollipop: The Chordettes

4.13 (42) Mr. Sandman

Titel: Mr. Sandman

    Interpret 1: The Chordettes

    Veröffentlichung 1: 1954

    Interpret 2: The Four Aces

    Veröffentlichung 2: 1954

    Genre: Traditional Pop

    Bemerkung: zahlreiche Cover

Abbildung 4.15:
Mr. Sandman:
The Chordettes

Abbildung 4.16:
Mr. Sandman:
The Four Aces

4.14 (43) Singin' in the Rain

Titel: Singin' in the Rain

Interpret: Gene Kelly

Veröffentlichung: 1952

Genre: Filmmusical

Bemerkung: dt. Titel "Du sollst mein Glücksstern sein" (1952)

Abbildung 4.17: Singin' in the Rain: Gene Kelly

4.15   (44) The Candy Man can

Titel: The Candy Man can

Interpret: Aubrey Woods

Veröffentlichung: 1971

Genre: Film-Musical

Bemerkung: komponiert von Leslie Bricusse and Anthony Newley für den Film "Willy Wonka and the Chocolate Factory" (1971)

Abbildung 4.18: The Candy Man can: Aubrey Woods

4.16   (45) Magic Moments

Titel: Magic Moments

Interpret: Perry Como

Veröffentlichung: 1957

Genre: Swing

Abbildung 4.19: Magic Moments: Perry Como

4.17 (46) That's Amore

Titel: That's Amore

Interpret: Dean Martin

Veröffentlichung: 1953

Genre: Pop

Bemerkung: aus dem Film "Der Tolpatsch" ("The Caddy") von 1953

Abbildung 4.20: That's Amore: Dean Martin

4.18 (47) Chanson d'Amour

Titel: Chanson d'Amour

Interpret 1: Art and Dotty Todd

Veröffentlichung 1: 1958

Genre 1: Schlager im Stil des Slowfox

Interpret 2: The Manhattan Transfer

Veröffentlichung 2: 1977

Genre 2: Jazz

Bemerkung: die Version von Manhattan Transfer wurde zum Welthit

Abbildung 4.21: Chanson d'Amour: Art and Dotty Todd

Abbildung 4.22: Chanson d'Amour: The Manhattan Transfer

4.19 (48) Smoke gets in Your Eyes

Titel: Smoke gets in Your Eyes

Interpret 1: Gertrude Niesen mit Ray Sinatra

Veröffentlichung 1: 1933

Genre 1: Chanson/Swing

Interpret 2: The Platters

Veröffentlichung 2: 1958

Genre 2: Doo-Wop

Bemerkung: war urspünglich ein Lied des Musicals "Roberta" von 1933, ist heute ein Jazzstandard

Abbildung 4.23:
Smoke gets in Your Eyes:
Gertrude Niesen mit Ray Sinatra

Abbildung 4.24:
Smoke gets in Your Eyes:
The Platters

4.20   (49) Moon River

Titel: Moon River

   Interpret: Audrey Hepburn

   Veröffentlichung: 1961

   Bemerkung: im Film "Frühstück bei Tiffany" (1961), Komponist: Henry Mancini

Abbildung 4.25: Moon River: Audrey Hepburn

4.21   (50) What a wonderful World

Titel: What a wonderful World

   Interpret: Louis Armstrong

   Veröffentlichung: 1967

   Bemerkung: das wohl bekannteste Lied von Louis Armstrong, zahlreiche Cover-Versionen

Abbildung 4.26: What a wonderful World: Louis Armstrong

4.22   (51) Mona Lisa

Titel: Mona Lisa

   Interpret: Nat King Cole

Veröffentlichung: 1950

Bemerkung: auch im Film "Captain Carey, U.S.A." (1950)

Abbildung 4.27: Mona Lisa: Nat King Cole

4.23   (52) L-O-V-E

Titel: L-O-V-E

Interpret: Nat King Cole

Veröffentlichung: 1964

Genre: Jazz/Swing/Soul

Abbildung 4.28: L-O-V-E: Nat King Cole

4.24   (53) Fly Me to the Moon (In Other Words)

Titel: Fly Me to the Moon (In Other Words)

Interpret 1: Kaye Ballard

Veröffentlichung 1: 1954

Interpret 2: Frank Sinatra

Veröffentlichung 2: 1964

Genre: Jazz

Bemerkung: komponiert 1954 von Bart Howard unter dem Titel "In Other Words"

Abbildung 4.29:
Fly Me to the Moon (In Other Words):
Kaye Ballard

Abbildung 4.30:
Fly Me to the Moon (In Other Words):
Frank Sinatra

4.25 (54) Capri c'est Fini

Titel: Capri c'est Fini

Interpret: Herve Vilard

Veröffentlichung: 1965

Genre: Pop/Chanson

Bemerkung: v.a. europaweiter Erfolg

Abbildung 4.31: Capri c'est Fini: Herve Vilard

4.26 (55) Tom Dooley

Titel: Tom Dooley

Interpret: The Kingston Trio

Veröffentlichung: 1958

Genre: traditioneller Folk-Song

Bemerkung: wurde 1958 durch die Fassung des Kingston Trio bekannt

Abbildung 4.32: Tom Dooley: The Kingston Trio

4.27 (56) Michael, Row the Boat Ashore

Titel: Michael, Row the Boat Ashore

Interpret 1: The Highwaymen

Veröffentlichung 1: 1960

Interpret 2: Harry Belafonte

Veröffentlichung 2: 1962

Genre: Spiritual

Bemerkung: traditionelles Lied aus dem Amerikanischen Bürgerkrieg

Abbildung 4.33:
Michael, Row the Boat Ashore:
The Highwaymen

Abbildung 4.34:
Michael, Row the Boat Ashore:
Harry Belafonte

4.28 (57) Dominique

Titel: Dominique

Interpret: Sœur Sourire (Jeannine Deckers)

Veröffentlichung: 1963

Genre: Chanson/Folk-Rock

Bemerkung: Jeannine Deckers war eine belgische Nonne des Dominikanerinnenordens und Chanson-sängerin

Abbildung 4.35: Dominique: Sœur Sourire (Jeannine Deckers)

Kapitel 5

Orchesterstücke nach klassischer Art der 1950er

5.1 (58) Fiddle-Faddle

Titel: Fiddle-Faddle
   Komponist: Leroy Anderson
   Erstaufführung: 1947
   Gattung: "classical pops music"

Abbildung 5.1: Fiddle-Faddle: Leroy Anderson

5.2 (59) Bugler's Holiday

Titel: Bugler's Holiday
   Komponist: Leroy Anderson
   Erstaufführung: um 1954

Abbildung 5.2: Bugler's Holiday: Leroy Anderson

5.3 (60) Sleigh Ride

Titel: Sleigh Ride

Komponist: Leroy Anderson

Erstaufführung: 1948

Gattung: beliebtes Orchesterstück der gehobenen Unterhaltungsmusik

Abbildung 5.3: Sleigh Ride: Leroy Anderson

5.4 (61) Blue Tango

Titel: Blue Tango

Komponist: Leroy Anderson

Erstaufführung: 1951

Gattung: Instrumentalstück für Orchester

Abbildung 5.4: Blue Tango: Leroy Anderson

5.5 (62) The Typewriter

Titel: The Typewriter

Komponist: Leroy Anderson

Erstaufführung: 1953

Gattung: "für Solo-Schreibmaschine und Orchester"

Bemerkung: bekannt durch den Komiker Jerry Lewis im Film "Der Ladenhüter" (1963)

Abbildung 5.5: The Typewriter: Leroy Anderson

5.6 (63) Sandpaper Ballet

Titel: Sandpaper Ballet

Komponist: Leroy Anderson

Erstaufführung: unbekannt

Abbildung 5.6: Sandpaper Ballet: Leroy Anderson

5.7 (64) West Side Story: America

Titel: West Side Story: America

Komponist: Leonard Bernstein

Erstaufführung: 1957

Gattung: Musical

Abbildung 5.7: West Side Story: America: Leonard Bernstein

5.8 (65) West Side Story: Tonight

Titel: West Side Story: Tonight

Komponist: Leonard Bernstein

Erstaufführung: 1957

Gattung: Musical

Bemerkung: beliebtes Stück für Interpretationen

Abbildung 5.8: West Side Story: Tonight: Leonard Bernstein

Kapitel 6

Doo-Wop, Pop-Balladen und Instrumental der 1950er

6.1 (66) Sh-Boom

Titel: Sh-Boom

Interpret: The Crew-Cuts

Veröffentlichung: 1954

Genre: Doo-Wop-Song (mehrstimmiger Gesang)

Abbildung 6.1: Sh-Boom: The Crew-Cuts

6.2 (67) This Ole House

Titel: This Ole House

Interpret 1: Rosemary Clooney

Veröffentlichung 1: 1954

Interpret 2: Shakin' Stevens

Veröffentlichung 2: 1981

Bemerkung: bekannt auch dt. "Das alte Haus von Rocky-Docky" mit Cover-Versionen von Bruce Low (1955) und Peter Kraus (1981)

Abbildung 6.2:
This Ole House:
Rosemary Clooney

Abbildung 6.3:
This Ole House:
Shakin' Stevens

6.3 (68) Papa Loves Mambo

Titel: Papa Loves Mambo

Interpret: Perry Como

Veröffentlichung: 1954

Genre: Cha-Cha-Cha

Abbildung 6.4: Papa Loves Mambo: Perry Como

6.4 (69) The Great Pretender

Titel: The Great Pretender

Interpret 1: The Platters

Veröffentlichung 1: 1955

Genre 1: Rhythm and Blues/Doo-Wop

Interpret 2: Freddie Mercury

Veröffentlichung 2: 1987

Genre 2: Pop-Rock

Abbildung 6.5:
The Great Pretender:
The Platters

Abbildung 6.6:
The Great Pretender:
Freddie Mercury

6.5 (70) Only You (and You Alone)

Titel: Only You (and You Alone)

Interpret: The Platters

Veröffentlichung: 1955

Genre: Doo-Wop

Bemerkung: Millionenseller, einige Cover-Versionen

Abbildung 6.7: Only You (and You Alone): The Platters

6.6 (71) Diana

Titel: Diana

Interpret: Paul Anka

Veröffentlichung: 1957

Genre: Pop/Rock-'n'-Roll

Bemerkung: entwickelte sich weltweit zum Millionenseller

Abbildung 6.8: Diana: Paul Anka

6.7 (72) Put Your Head on My Shoulder

Titel: Put Your Head on My Shoulder

Interpret: Paul Anka

Veröffentlichung: 1959

Genre: Pop/Doo-Wop

Abbildung 6.9: Put Your Head on My Shoulder: Paul Anka

6.8   (73) All I Have to Do is Dream

Titel: All I Have to Do is Dream

    Interpret: The Everly Brothers

    Veröffentlichung: 1958

    Genre: Pop

    Bemerkung: zahlreiche Cover-Versionen

Abbildung 6.10: All I Have to Do is Dream: The Everly Brothers

6.9   (74) Love Letters in the Sand

Titel: Love Letters in the Sand

    Interpret: Pat Boone

    Veröffentlichung: 1957

    Genre: Traditional Pop

    Bemerkung: Millionenseller, komponiert von Nick und Charles Kenny (Text) bereits 1931

Abbildung 6.11: Love Letters in the Sand: Pat Boone

6.10   (75) Lonely Boy

Titel: Lonely Boy

    Interpret: Paul Anka

    Veröffentlichung: 1959

    Genre: Pop

    Bemerkung: bekannt durch die Titelmelodie von ''Liebesg'schichten und Heiratssachen'' (ORF)

Abbildung 6.12: Lonely Boy: Paul Anka

6.11 (76) Je t'appartiens / Let it be Me

Titel: Je t'appartiens / Let it be Me

Interpret 1: Gilbert Bécaud

Veröffentlichung 1: 1955

Interpret 2: The Everly Brothers

Veröffentlichung 2: 1960

Genre: Pop

Abbildung 6.13:
Je t'appartiens / Let it be Me:
Gilbert Bécaud

Abbildung 6.14:
Je t'appartiens / Let it be Me:
The Everly Brothers

6.12 (77) Cathy's Clown

Titel: Cathy's Clown

Interpret: The Everly Brothers

Veröffentlichung: 1960

Genre: Pop

Bemerkung: weltweiter Hit

Abbildung 6.15: Cathy's Clown: The Everly Brothers

6.13 (78) Runaway

Titel: Runaway

Interpret: Del Shannon

Veröffentlichung: 1961

Genre: Pop/Rock-'n'-Roll

Bemerkung: ein internationaler Hit

Abbildung 6.16: Runaway: Del Shannon

6.14 (79) Are You Lonesome Tonight?

Titel: Are You Lonesome Tonight?

    Interpret 1: Charles Hart

    Veröffentlichung 1: 1927

    Interpret 2: Elvis Presley

    Veröffentlichung 2: 1960

    Genre: Pop-Ballade

    Bemerkung: bereits 1926 von Lou Handman (Musik) und Roy Turk (Text) geschrieben

Abbildung 6.17:
Are You Lonesome Tonight?:
Charles Hart

Abbildung 6.18:
Are You Lonesome Tonight?:
Elvis Presley

6.15 (80) Save the Last Dance for Me / Mit 17 fängt das Leben erst an

Titel: Save the Last Dance for Me / Mit 17 fängt das Leben erst an

    Interpret 1: The Drifters

    Veröffentlichung 1: 1960

    Interpret 2: Ivo Robić

    Veröffentlichung 2: 1961

    Genre: Pop/Soul

    Bemerkung: einige Cover-Versionen

Abbildung 6.19:
Save the Last Dance for Me / Mit 17 fängt
das Leben erst an:
The Drifters

Abbildung 6.20:
Save the Last Dance for Me / Mit 17 fängt
das Leben erst an:
Ivo Robić

6.16 (81) Donna

Titel: Donna
  Interpret: Ritchie Valens
  Veröffentlichung: 1958
  Genre: Rock-'n'-Roll/Doo-Wop

Abbildung 6.21: Donna: Ritchie Valens

6.17 (82) Tears on My Pillow

Titel: Tears on My Pillow
  Interpret 1: Little Anthony and The Imperials
  Veröffentlichung 1: 1958
  Interpret 2: Kylie Minogue
  Veröffentlichung 2: 1990
  Genre: Doo-Wop-Song

Abbildung 6.22:
Tears on My Pillow:
Little Anthony and The Imperials

Abbildung 6.23:
Tears on My Pillow:
Kylie Minogue

6.18 (83) Sleep Walk

Titel: Sleep Walk
  Interpret: Santo & Johnny Farina
  Veröffentlichung: 1959
  Genre: Instrumentalstück mit Covers: The Shadows, The Ventures und The Chantays

Abbildung 6.24: Sleep Walk: Santo & Johnny Farina

6.19 (84) Earth Angel (will You be Mine)

Titel: Earth Angel (will You be Mine)

Interpret: The Penguins

Veröffentlichung: 1954

Genre: Doo-Wop/Rhythm and Blues

Abbildung 6.25: Earth Angel (will You be Mine): The Penguins

6.20 (85) Love Me with All Your Heart

Titel: Love Me with All Your Heart

Interpret: The Ray Charles Singers

Veröffentlichung: 1964

Genre: Doo-Wop/Easy Listening

Abbildung 6.26: Love Me with All Your Heart: The Ray Charles Singers

6.21 (86) Little Star

Titel: Little Star

Interpret: The Elegants

Veröffentlichung: 1958

Genre: Doo-Wop-Song

Abbildung 6.27: Little Star: The Elegants

6.22   (87) Book of Love

Titel: Book of Love

  Interpret: The Monotones

  Veröffentlichung: 1957

  Genre: Rock-'n'-Roll/Rhythm and Blues/Doo-Wop/Pop

Abbildung 6.28: Book of Love: The Monotones

6.23   (88) I Wonder Why

Titel: I Wonder Why

  Interpret 1: Dion and The Belmonts

  Veröffentlichung 1: 1958

  Interpret 2: Showaddywaddy

  Veröffentlichung 2: 1978

  Genre: Doo-Wop-Song/Rock-'n'-Roll

Abbildung 6.29:   Abbildung 6.30:
I Wonder Why: I Wonder Why:
Dion and The Belmonts   Showaddywaddy

6.24   (89) Rama Lama Ding Dong

Titel: Rama Lama Ding Dong

  Interpret 1: The Edsels

  Veröffentlichung 1: 1958

  Interpret 2: Rocky Sharpe & The Replays

  Veröffentlichung 2: 1979

  Genre: Doo-Wop-Song

Abbildung 6.31:
Rama Lama Ding Dong:
The Edsels

Abbildung 6.32:
Rama Lama Ding Dong:
Rocky Sharpe & The Replays

6.25   (90) Under the Moon of Love

Titel: Under the Moon of Love

Interpret 1: Curtis Lee

Veröffentlichung 1: 1961

Interpret 2: Showaddywaddy

Veröffentlichung 2: 1976

Genre: Rockabilly

Abbildung 6.33:
Under the Moon of Love:
Curtis Lee

Abbildung 6.34:
Under the Moon of Love:
Showaddywaddy

6.26   (91) Matilda

Titel: Matilda

Interpret 1: Harry Belafonte

Veröffentlichung 1: 1953

Interpret 2: Udo Jürgens

Veröffentlichung 2: 1960

Genre: traditioneller Calypso

Bemerkung: der Ursprung geht auf die 1930er und Norman Spans Aufnahme von 1938 zurück

Abbildung 6.35:Matilda:Harry Belafonte

Abbildung 6.36:Matilda:Udo Jürgens

6.27   (92) Jamaica Farewell

Titel: Jamaica Farewell

Interpret: Harry Belafonte

Veröffentlichung: 1956

Genre: Mento (jamaikanische folkloristische Populärmusik)

Bemerkung: ursprünglich ein Volkslied im jamaikanischen Calypso-Stil

Abbildung 6.37: Jamaica Farewell: Harry Belafonte

6.28   (93) Island In The Sun

Titel: Island In The Sun

Interpret: Harry Belafonte

Veröffentlichung: 1957

Bemerkung: auch Film "Island In The Sun" (1957)

Abbildung 6.38: Island In The Sun: Harry Belafonte

6.29   (94) Banana Boat Song ("Day-O")

Titel: Banana Boat Song ("Day-O")

Interpret: Harry Belafonte

Veröffentlichung: 1956

Bemerkung: basierend auf einem alten jamaikanischen Volkslied

Abbildung 6.39: Banana Boat Song ("Day-O"): Harry Belafonte

6.30 (95) La Bamba

Titel: La Bamba

Interpret 1: Ritchie Valens

Veröffentlichung 1: 1958

Interpret 2: Los Lobos & Gipsy Kings

Veröffentlichung 2: 1987

Genre: Tex-Mex/Rock-'n'-Roll

Bemerkung: basierend auf einem mexikanischen Volkslied

Abbildung 6.41:
La Bamba:
Abbildung 6.40:La Bamba:Ritchie Valens   Los Lobos & Gipsy Kings

Kapitel 7

Rock-'n'-Roll der 1950er und 1960er

7.1 (96) Blueberry Hill

Titel: Blueberry Hill

Interpret: Fats Domino

Veröffentlichung: 1940 bzw. 1956

Genre: Rock-'n'-Roll/Rhythm and Blues

Bemerkung: bekannt duch die Version von Fats Domino von 1956

Abbildung 7.1: Blueberry Hill: Fats Domino

7.2 (97) At the Hop

Titel: At the Hop

Interpret: Danny and The Juniors

Veröffentlichung: 1957

Genre: Rock-'n'-Roll/Doo-Wop

Abbildung 7.2: At the Hop: Danny and The Juniors

7.3 (98) I'm Walkin'

Titel: I'm Walkin'

Interpret: Fats Domino

Veröffentlichung: 1957

Genre: Rock-'n'-Roll

Bemerkung: wieder bekannt durch Aral-Werbespot (1991)

Abbildung 7.3: I'm Walkin': Fats Domino

7.4 (99) Tutti Frutti

Titel: Tutti Frutti

Interpret: Little Richard

Veröffentlichung: 1955

Genre: Rock-'n'-Roll

Bemerkung: zahlreiche Cover-Versionen

Abbildung 7.4: Tutti Frutti: Little Richard

7.5 (100) Reet Petite

Titel: Reet Petite

Interpret: Jackie Wilson

Veröffentlichung: 1957

Genre: Soul/Rock-'n'-Roll

Bemerkung: zahlreiche Cover-Versionen

Abbildung 7.5: Reet Petite: Jackie Wilson

7.6 (101) Rock Around Clock

Titel: Rock Around Clock

Interpret: Bill Haley & His Comets

Veröffentlichung: 1954

Genre: startete Rock-'n'-Roll-Zeitalter

Abbildung 7.6: Rock Around Clock: Bill Haley & His Comets

7.7 (102) Yakety Yak

Titel: Yakety Yak

Interpret: The Coasters

Veröffentlichung: 1958

Genre: Rock-'n'-Roll

Abbildung 7.7: Yakety Yak: The Coasters

7.8 (103) Red River Rock

Titel: Red River Rock

Interpret: Johnny and The Hurricanes

Veröffentlichung: 1959

Bemerkung: geht auf ein Instrumentalstück aus dem Nordamerika des 19.Jhdts. zurück

Abbildung 7.8: Red River Rock: Johnny and The Hurricanes

7.9   (104) Limbo Rock

Titel: Limbo Rock

Interpret 1: The Champs

Veröffentlichung 1: 1961

Interpret 2: Chubby Checker

Veröffentlichung 2: 1962

Genre: Rock-'n'-Roll/Limbo

Abbildung 7.9:Limbo Rock:The Champs

Abbildung 7.10:
Limbo Rock:
Chubby Checker

7.10   (105) Let's Dance

Titel: Let's Dance

Interpret 1: Chris Montez

Veröffentlichung 1: 1962

Interpret 2: Ola and The Janglers

Veröffentlichung 2: 1968

Genre: Rock-'n'-Roll

Abbildung 7.11:
Let's Dance:
Chris Montez

Abbildung 7.12:
Let's Dance:
Ola and The Janglers

7.11   (106) Hoots Mon

Titel: Hoots Mon

Interpret: Lord Rockingham's XI

Veröffentlichung: 1958

Genre: Rock-'n'-Roll/Jazz

Bemerkung: basierend auf einem alten schottischen Volkslied

Abbildung 7.13: Hoots Mon: Lord Rockingham's XI

7.12   (107) Sweet Little Sixteen

Titel: Sweet Little Sixteen
  Interpret: Chuck Berry
  Veröffentlichung: 1958
  Genre: Rock-'n'-Roll

Abbildung 7.14: Sweet Little Sixteen: Chuck Berry

7.13   (108) Hit the Road Jack!

Titel: Hit the Road Jack!
  Interpret: Ray Charles
  Veröffentlichung: 1961
  Genre: Rock-'n'-Roll/Rhythm and Blues
  Bemerkung: zahlreiche Cover-Versionen

Abbildung 7.15: Hit the Road Jack!: Ray Charles

7.14   (109) Hound Dog

Titel: Hound Dog
  Interpret 1: Big Mama Thornton
  Veröffentlichung 1: 1953
  Genre 1: Twelve-Bar Blues
  Interpret 2: Elvis Presley
  Veröffentlichung 2: 1956

Genre 2: Rock-'n'-Roll

Abbildung 7.16:
Hound Dog:
Big Mama Thornton

Abbildung 7.17:Hound Dog:Elvis Presley

7.15 (110) Jailhouse Rock

Titel: Jailhouse Rock

Interpret: Elvis Presley

Veröffentlichung: 1957

Bemerkung: gleichnamiger Musikfilm von 1957 mit Elvis Presley in der Hauptrolle

Abbildung 7.18: Jailhouse Rock: Elvis Presley

7.16 (111) Let's have a Party

Titel: Let's have a Party

Interpret 1: Elvis Presley

Veröffentlichung 1: 1957

Interpret 2: Wanda Jackson

Veröffentlichung 2: 1960

Genre: Rock-'n'-Roll

Bemerkung: aus dem Film "Loving You" (1957)

Abbildung 7.19:
Let's have a Party:
Elvis Presley

Abbildung 7.20:
Let's have a Party:
Wanda Jackson

7.17 (112) Love Me Tender

Titel: Love Me Tender

Interpret: Elvis Presley

Veröffentlichung: 1956

Genre: Rockabilly

Bemerkung: basierend auf "Aura Lee" von 1861 (!)

Abbildung 7.21: Love Me Tender: Elvis Presley

7.18 (113) Always on my Mind

Titel: Always on my Mind

Interpret 1: Elvis Presley

Veröffentlichung 1: 1970

Genre 1: Country-Ballade

Interpret 2: Pet Shop Boys

Veröffentlichung 2: 1987

Genre 2: Synth-Pop/Dance-Pop

Abbildung 7.22:
Always on my Mind:
Elvis Presley

Abbildung 7.23:
Always on my Mind:
Pet Shop Boys

7.19 (114) It's Now or Never

Titel: It's Now or Never

Interpret: Elvis Presley

Veröffentlichung: 1960

Genre: Pop

Bemerkung: Anleihe bei der Melodie von "O sole mio"

Abbildung 7.24: It's Now or Never: Elvis Presley

7.20   (115) Can't Help Falling in Love

Titel: Can't Help Falling in Love

Interpret 1: Elvis Presley

Veröffentlichung 1: 1961

Genre 1: Pop-Rock

Interpret 2: UB40

Veröffentlichung 2: 1993

Genre 2: Reggae Fusion/Dance-Pop

Bemerkung: zahlreiche Cover-Versionen

Abbildung 7.25:
Can't Help Falling in Love:
Elvis Presley

Abbildung 7.26:
Can't Help Falling in Love:
UB40

7.21   (116) Return to Sender

Titel: Return to Sender

Interpret: Elvis Presley

Veröffentlichung: 1962

Genre: Pop/Rock-'n'-Roll

Bemerkung: im Film "Girls! Girls! Girls!" von 1962

Abbildung 7.27: Return to Sender: Elvis Presley

7.22   (117) All Shook Up

Titel: All Shook Up

Interpret: Elvis Presley

Veröffentlichung: 1957

Genre: Rock-'n'-Roll/Rhythm and Blues

Bemerkung: das Original wurde 1956 von David Hill gesungen, die Version von Presley wurde ein Nummer-Eins-Hit

Abbildung 7.28: All Shook Up: Elvis Presley

7.23   (118) Don't be Cruel

Titel: Don't be Cruel

Interpret: Elvis Presley

Veröffentlichung: 1956

Genre: Rock-'n'-Roll

Abbildung 7.29: Don't be Cruel: Elvis Presley

7.24   (119) Devil in Disguise

Titel: Devil in Disguise

Interpret: Elvis Presley

Veröffentlichung: 1963

Genre: Rock-'n'-Roll/Pop

Abbildung 7.30: Devil in Disguise: Elvis Presley

7.25 (120) Splish Splash

Titel: Splish Splash

Interpret: Bobby Darin

Veröffentlichung: 1958

Genre: Rock-'n'-Roll/Novelty

Abbildung 7.31: Splish Splash: Bobby Darin

7.26 (121) Witch Doctor

Titel: Witch Doctor

Interpret: Ross Bagdasarian

Veröffentlichung: 1958

Genre: Rockabilly/Novelty/Country

Abbildung 7.32: Witch Doctor: Ross Bagdasarian

7.27 (122) Keep on Dancing

Titel: Keep on Dancing

Interpret: The Gentrys

Veröffentlichung: 1965

Genre: Garage Rock

Abbildung 7.33: Keep on Dancing: The Gentrys

7.28 (123) Lipstick on Your Collar

Titel: Lipstick on Your Collar

Interpret: Connie Francis

Veröffentlichung: 1959

Genre: Rock-'n'-Roll

Abbildung 7.34: Lipstick on Your Collar: Connie Francis

7.29 (124) Bye Bye Love

Titel: Bye Bye Love

Interpret: The Everly Brothers

Veröffentlichung: 1957

Genre: Rockabilly/Country/Rock-'n'-Roll

Bemerkung: wurde in die "Grammy Hall of Fame" und die "Rock and Roll Hall of Fame" aufgenommen

Abbildung 7.35: Bye Bye Love: The Everly Brothers

7.30 (125) Barbara Ann

Titel: Barbara Ann

Interpret 1: The Regents

Veröffentlichung 1: 1961

Genre 1: Doo-Wop/Pop

Interpret 2: The Beach Boys

Veröffentlichung 2: 1965

Genre 2: Rock-'n'-Roll/Doo-Wop

Bemerkung: Millionenseller durch die Version der Beach Boys

Abbildung 7.36:
Barbara Ann:
The Regents

Abbildung 7.37:
Barbara Ann:
The Beach Boys

7.31 (126) Runaround Sue

Titel: Runaround Sue

Interpret 1: Dion

Veröffentlichung 1: 1961

Genre 1: Rock-'n'-Roll/Doo-Wop/Pop

Interpret 2: Leif Garrett

Veröffentlichung 2: 1977

Genre 2: Bubblegum Pop

Abbildung 7.39:
Runaround Sue:
Leif Garrett

Abbildung 7.38:Runaround Sue:Dion

7.32 (127) Do You Love Me?

Titel: Do You Love Me?

Interpret: The Contours

Veröffentlichung: 1962

Genre: Rhythm and Blues/Rock-'n'-Roll

Bemerkung: einige Cover-Versionen

Abbildung 7.40: Do You Love Me?: The Contours

7.33 (128) Bad Moon Rising

Titel: Bad Moon Rising

Interpret: Creedence Clearwater Revival

Veröffentlichung: 1969

Genre: Rockabilly/Southern Rock/Blues-Rock

Abbildung 7.41: Bad Moon Rising: Creedence Clearwater Revival

Kapitel 8

Twist und Pop-Rock-Mix der 1960er

8.1 (129) The Twist

Titel: The Twist

Interpret: Chubby Checker

Veröffentlichung: 1960

Genre: Symbolsong für den gleichnamigen Tanz

Abbildung 8.1: The Twist: Chubby Checker

8.2 (130) Let's Twist Again

Titel: Let's Twist Again

Interpret 1: Chubby Checker

Veröffentlichung 1: 1961

Interpret 2: Johnny Hallyday

Veröffentlichung 2: 1961

Abbildung 8.2:
Let's Twist Again:
Chubby Checker

Abbildung 8.3:
Let's Twist Again:
Johnny Hallyday

74

8.3 (131) I Get Around

Titel: I Get Around

Interpret: The Beach Boys

Veröffentlichung: 1964

Genre: Mix Doo-Wop/Rock/California Sound

Abbildung 8.4: I Get Around: The Beach Boys

8.4 (132) Da Doo Ron Ron

Titel: Da Doo Ron Ron

Interpret: The Crystals

Veröffentlichung: 1963

Genre: Mix Rythm and Blues/Pop/Rock

Abbildung 8.5: Da Doo Ron Ron: The Crystals

8.5 (133) Happy Birthday Sweet Sixteen

Titel: Happy Birthday Sweet Sixteen

Interpret: Neil Sedaka

Veröffentlichung: 1961

Genre: Pop

Abbildung 8.6: Happy Birthday Sweet Sixteen: Neil Sedaka

8.6 (134) Hello Mary Lou

Titel: Hello Mary Lou

Interpret 1: Johnny Duncan

Veröffentlichung 1: 1960

Interpret 2: Ricky Nelson

Veröffentlichung 2: 1961

Genre: Rockabilly (Kombination aus Rock, Western und Country)

Abbildung 8.7:
Hello Mary Lou:
Johnny Duncan

Abbildung 8.8:
Hello Mary Lou:
Ricky Nelson

8.7 (135) Speedy Gonzales

Titel: Speedy Gonzales

Interpret: Pat Boone

Veröffentlichung: 1961

Bemerkung: bekannt durch die Zeichentrickfigur

Abbildung 8.9: Speedy Gonzales: Pat Boone

8.8 (136) Sloop John B

Titel: Sloop John B

Interpret: The Beach Boys

Veröffentlichung: 1966

Genre: Shanty/Folk-Rock/Pop

Bemerkung: basierend auf einem karibischen Folksong von 1917

Abbildung 8.10: Sloop John B: The Beach Boys

8.9 (137) If I had a Hammer

Titel: If I had a Hammer

Interpret 1: The Weavers

Veröffentlichung 1: 1950

Interpret 2: Trini Lopez

Veröffentlichung 2: 1963

Genre: Folk

Bemerkung: wurde in der Version von Trini Lopez zu einem Hit

Abbildung 8.11:
If I had a Hammer:
The Weavers

Abbildung 8.12:
If I had a Hammer:
Trini Lopez

8.10 (138) This Land is Your Land

Titel: This Land is Your Land

Interpret: Woody Guthrie

Veröffentlichung: 1945

Genre: Folk

Bemerkung: zahlreiche Cover-Versionen

Abbildung 8.13: This Land is Your Land: Woody Guthrie

8.11 (139) Where Have All the Flowers Gone?

Titel: Where Have All the Flowers Gone?

Interpret 1: The Kingston Trio

Veröffentlichung 1: 1961

Interpret 2: Marlene Dietrich

Veröffentlichung 2: 1962

Genre: Folk/Antikriegslied

Bemerkung: komponiert 1955 von Pete Seeger/Text Joe Hickerson

Abbildung 8.14:
Where Have All the Flowers Gone?:
The Kingston Trio

Abbildung 8.15:
Where Have All the Flowers Gone?:
Marlene Dietrich

8.12   (140) I Fought the Law

Titel: I Fought the Law

Interpret 1: The Crickets

Veröffentlichung 1: 1960

Genre 1: Rockabilly/Rock

Interpret 2: The Clash

Veröffentlichung 2: 1978

Genre 2: Punk-Rock

Bemerkung: zahlreiche Cover-Versionen

Abbildung 8.16:
I Fought the Law:
The Crickets

Abbildung 8.17:
I Fought the Law:
The Clash

8.13   (141) Sheila

Titel: Sheila

Interpret: Tommy Roe

Veröffentlichung: 1962

Genre: Bubblegum Pop/Rockabilly/Rock-'n'-Roll/Lubbock Sound

Abbildung 8.18: Sheila: Tommy Roe

Kapitel 9

Country Music und Instrumental-Rock der 1950er und 1960er

9.1 (142) High Noon

Titel: High Noon

Interpret: Tex Ritter, Frankie Laine

Veröffentlichung: 1952

Genre: bekannt durch den Western "Zwölf Uhr mittags" von 1952 ("High Noon"), etliche Cover-Versionen

Abbildung 9.1: High Noon: Tex Ritter, Frankie Laine

9.2 (143) Jambalaya (On the Bayou)

Titel: Jambalaya (On the Bayou)

Interpret 1: Hank Williams

Veröffentlichung 1: 1952

Interpret 2: The Carpenters

Veröffentlichung 2: 1974

Genre: Cajun-Song (Volksmusik aus dem Süden der USA, die auf französische Einwanderer zurückgeht)

Abbildung 9.2:
Jambalaya (On the Bayou):
Hank Williams

Abbildung 9.3:
Jambalaya (On the Bayou):
The Carpenters

9.3　(144) Buckaroo

Titel: Buckaroo

Interpret: Buck Owens

Veröffentlichung: 1956

Genre: Country Instrumental von Buck Owens and The Buckaroos

Abbildung 9.4: Buckaroo: Buck Owens

9.4　(145) I Walk the Line

Titel: I Walk the Line

Interpret: Johnny Cash

Veröffentlichung: 1956

Genre: Countrysong

Bemerkung: erster Erfolg von Johnny Cash

Abbildung 9.5: I Walk the Line: Johnny Cash

9.5　(146) Ring of Fire

Titel: Ring of Fire

Interpret: Johnny Cash

Veröffentlichung: 1963

Genre: Countrysong

Bemerkung: einer der populärsten Titel des Genres

Abbildung 9.6: Ring of Fire: Johnny Cash

9.6 (147) Man in Black

Titel: Man in Black

Interpret: Johnny Cash

Veröffentlichung: 1971

Bemerkung: Anspielung auf die schwarze Kleidung von Johnny Cash

Abbildung 9.7: Man in Black: Johnny Cash

9.7 (148) Ghost Riders in the Sky

Titel: Ghost Riders in the Sky

Interpret 1: Burl Ives

Veröffentlichung 1: 1948

Genre 1: Country/Western

Interpret 2: Johnny Cash

Veröffentlichung 2: 1979

Genre 2: Country/Country-Rock/Western

Bemerkung: zahlreiche Cover-Versionen

Abbildung 9.8:
Ghost Riders in the Sky:
Burl Ives

Abbildung 9.9:
Ghost Riders in the Sky:
Johnny Cash

9.8 (149) Mason Dixon Lion

Titel: Mason Dixon Lion
  Interpret: Duane Eddy
  Veröffentlichung: 1959

Abbildung 9.10: Mason Dixon Lion: Duane Eddy

9.9 (150) Because They're Young

Titel: Because They're Young
  Interpret: Duane Eddy
  Veröffentlichung: 1960
  Genre: Instrumental Rock

Abbildung 9.11: Because They're Young: Duane Eddy

9.10 (151) Rebel Rouser

Titel: Rebel Rouser
  Interpret: Duane Eddy
  Veröffentlichung: 1958
  Genre: Instrumental Rock-'n'-Roll

Abbildung 9.12: Rebel Rouser: Duane Eddy

9.11 (152) Cannonball

Titel: Cannonball

Interpret: Duane Eddy
Veröffentlichung: 1958
Genre: Rockabilly

Abbildung 9.13: Cannonball: Duane Eddy

9.12 (153) Movin 'n' Groovin'

Titel: Movin 'n' Groovin'
Interpret: Duane Eddy
Veröffentlichung: 1958

Abbildung 9.14: Movin 'n' Groovin': Duane Eddy

9.13 (154) Detour

Titel: Detour
Interpret: Duane Eddy
Veröffentlichung: 1959

Abbildung 9.15: Detour: Duane Eddy

9.14 (155) Mule Train

Titel: Mule Train
Interpret: Fred Glickman
Veröffentlichung: 1949 bzw. 1960er
Bemerkung: Cover von Duane Eddy

Abbildung 9.16: Mule Train: Fred Glickman

9.15 (156) Just Because

Titel: Just Because
  Interpret: Nelstone's Hawaiians
  Veröffentlichung: 1929 bzw. 1962
  Bemerkung: Cover von Duane Eddy

Abbildung 9.17: Just Because: Nelstone's Hawaiians

9.16 (157) Night Train to Memphis

Titel: Night Train to Memphis
  Interpret: Duane Eddy
  Veröffentlichung: 1961
  Bemerkung: gleichnamiger Film von 1946

Abbildung 9.18: Night Train to Memphis: Duane Eddy

9.17 (158) Scarlet Ribbons

Titel: Scarlet Ribbons
  Interpret 1: Jo Stafford
  Veröffentlichung 1: 1949
  Interpret 2: Harry Belafonte
  Veröffentlichung 2: 1960
  Genre: Countrypolitan ("popular folk style ballad")
  Bemerkung: Standard mit Covers

Abbildung 9.19:
Scarlet Ribbons:
Jo Stafford

Abbildung 9.20:
Scarlet Ribbons:
Harry Belafonte

9.18 (159) Memories are made of This / Dort wo die Blumen blüh'n

Titel: Memories are made of This / Dort wo die Blumen blüh'n

Interpret 1: Dean Martin

Veröffentlichung 1: 1955

Interpret 2: Freddy Quinn

Veröffentlichung 2: 1956

Genre: Pop/Country

Abbildung 9.21:
Memories are made of This / Dort wo die
Blumen blüh'n:
Dean Martin

Abbildung 9.22:
Memories are made of This / Dort wo die
Blumen blüh'n:
Freddy Quinn

9.19 (160) Tennessee Waltz

Titel: Tennessee Waltz

Interpret 1: Pee Wee King and His Golden West Cowboys

Veröffentlichung 1: 1948

Genre 1: Country

Interpret 2: Patti Page

Veröffentlichung 2: 1950

Genre 2: Pop

Abbildung 9.23:
Tennessee Waltz:
Pee Wee King and His Golden West Cow-
boys

Abbildung 9.24:
Tennessee Waltz:
Patti Page

9.20 (161) El Paso

Titel: El Paso

Interpret: Marty Robins

Veröffentlichung: 1959

Genre: Country-Ballade/Tex-Mex

Bemerkung: Crossover-Hit

Abbildung 9.25: El Paso: Marty Robins

9.21 (162) Norman

Titel: Norman

Interpret: Sue Thompson

Veröffentlichung: 1962

Genre: Country-Song

Abbildung 9.26: Norman: Sue Thompson

9.22 (163) Paper Tiger

Titel: Paper Tiger

Interpret: Sue Thompson

Veröffentlichung: 1964

Abbildung 9.27: Paper Tiger: Sue Thompson

9.23 (164) Willie Can

Titel: Willie Can
    Interpret 1: Mitch Miller
    Veröffentlichung 1: 1956
    Interpret 2: Sue Thompson
    Veröffentlichung 2: 1963

Abbildung 9.28:Willie Can:Mitch Miller

Abbildung 9.29:
Willie Can:
Sue Thompson

9.24 (165) King of the Road

Titel: King of the Road
    Interpret: Roger Miller
    Veröffentlichung: 1965
    Genre: Country-Song

Abbildung 9.30: King of the Road: Roger Miller

9.25 (166) Last Date

Titel: Last Date
    Interpret: Floyd Cramer
    Veröffentlichung: 1960
    Genre: Country Instrumentalstück

Abbildung 9.31: Last Date: Floyd Cramer

9.26 (167) Blue Blue Day

Titel: Blue Blue Day
  Interpret: Don Gibson
  Veröffentlichung: 1958
  Genre: Country

Abbildung 9.32: Blue Blue Day: Don Gibson

9.27 (168) Rose Garden

Titel: Rose Garden
  Interpret 1: Billy Joe Royal
  Veröffentlichung 1: 1967
  Interpret 2: Lynn Rene Anderson
  Veröffentlichung 2: 1971
  Genre: Country

Abbildung 9.33:
Rose Garden:
Billy Joe Royal

Abbildung 9.34:
Rose Garden:
Lynn Rene Anderson

9.28 (169) Take Me Home, Country Roads

Titel: Take Me Home, Country Roads
  Interpret: John Denver
  Veröffentlichung: 1971

Genre: Country/Folk

Bemerkung: wurde im Jahr 2000 zum Country-Song des Jahrhunderts gewählt

Abbildung 9.35: Take Me Home, Country Roads: John Denver

9.29 (170) Lookin' out My Back Door

Titel: Lookin' out My Back Door

Interpret: Creedence Clearwater Revival

Veröffentlichung: 1970

Genre: Country-Rock

Abbildung 9.36: Lookin' out My Back Door: Creedence Clearwater Revival

9.30 (171) These Boots are made for Walkin'

Titel: These Boots are made for Walkin'

Interpret: Nancy Sinatra

Veröffentlichung: 1965

Genre: Pop/Go-go/Folk-Rock/Country

Bemerkung: entwickelte sich zu einem Millionenseller

Abbildung 9.37: These Boots are made for Walkin': Nancy Sinatra

Kapitel 10

Pop Music der 1960er

10.1 (172) Yesterday

Titel: Yesterday

Interpret: The Beatles

Veröffentlichung: 1965

Genre: Ballade

Bemerkung: der am häufigsten gecoverte Popsong

Abbildung 10.1: Yesterday: The Beatles

10.2 (173) All My Loving

Titel: All My Loving

Interpret: The Beatles

Veröffentlichung: 1963

Genre: Pop-Rock/Beat

Abbildung 10.2: All My Loving: The Beatles

10.3 (174) I Want to Hold Your Hand

Titel: I Want to Hold Your Hand

Interpret: The Beatles

Veröffentlichung: 1963

Genre: Rock-'n'-Roll/Pop-Rock/Beat

Bemerkung: einer der umsatzstärksten Millionenseller der Schallplattengeschichte

Abbildung 10.3: I Want to Hold Your Hand: The Beatles

10.4 (175) Hey Jude

Titel: Hey Jude

Interpret: The Beatles

Veröffentlichung: 1968

Genre: Pop-Rock

Bemerkung: erfolgreichste Single der Beatles

Abbildung 10.4: Hey Jude: The Beatles

10.5 (176) Penny Lane

Titel: Penny Lane

Interpret: The Beatles

Veröffentlichung: 1967

Genre: Pop

Abbildung 10.5: Penny Lane: The Beatles

10.6 (177) All You Need Is Love

Titel: All You Need Is Love
  Interpret: The Beatles
  Veröffentlichung: 1967
  Genre: Pop

Abbildung 10.6: All You Need Is Love: The Beatles

10.7 (178) Ob La Di Ob La Da

Titel: Ob La Di Ob La Da
  Interpret: The Beatles
  Veröffentlichung: 1968
  Genre: Pop

Abbildung 10.7: Ob La Di Ob La Da: The Beatles

10.8 (179) Yellow Submarine

Titel: Yellow Submarine
  Interpret: The Beatles
  Veröffentlichung: 1969
  Genre: Rock/Psychedelic Rock
  Bemerkung: gleichnamiger Zeichentrickfilm von 1968

Abbildung 10.8: Yellow Submarine: The Beatles

10.9   (180) Let It Be

Titel: Let It Be

Interpret: The Beatles

Veröffentlichung: 1970

Bemerkung: letztes Studioalbum der Beatles

Abbildung 10.9: Let It Be: The Beatles

10.10   (181) Give Peace a Chance

Titel: Give Peace a Chance

Interpret: John Lennon

Veröffentlichung: 1969

Genre: Folk-Rock/Pop-Rock/Protest Song

Bemerkung: während eines "Bed-ins" im Queen Elizabeth Hotel in Montreal aufgenommen

Abbildung 10.10: Give Peace a Chance: John Lennon

10.11   (182) Yesterday Man

Titel: Yesterday Man

Interpret: Chris Andrews

Veröffentlichung: 1965

Genre: Pop/Ska/Reggae

Abbildung 10.11: Yesterday Man: Chris Andrews

10.12 (183) Ruby Tuesday

Titel: Ruby Tuesday

Interpret: The Rolling Stones

Veröffentlichung: 1967

Genre: Baroque Pop/Psychedelic Pop/Psychedelic Soul

Bemerkung: war ein Nummer-Eins-Hit in Deutschland und den USA

Abbildung 10.12: Ruby Tuesday: The Rolling Stones

10.13 (184) No Milk Today

Titel: No Milk Today

Interpret: Herman's Hermits

Veröffentlichung: 1966

Genre: Baroque Pop/Pop-Rock

Abbildung 10.13: No Milk Today: Herman's Hermits

10.14 (185) Blue Velvet

Titel: Blue Velvet

Interpret: Bobby Vinton

Veröffentlichung: 1963

Genre: Pop-Ballade

Bemerkung: zahlreiche Cover-Versionen, es gab eine frühere Version von Bobby Vinton, erst seine Version von 1963 wurde zu einem Nummer-Eins-Hit

Abbildung 10.14: Blue Velvet: Bobby Vinton

10.15 (186) You don't have to Say You Love Me

Titel: You don't have to Say You Love Me

Interpret: Dusty Springfield

Veröffentlichung: 1966

Genre: Pop

Bemerkung: englische Version des ursprünglich ital. Lieds "Io che non vivo (senza te)" von 1965

Abbildung 10.15: You don't have to Say You Love Me: Dusty Springfield

10.16 (187) Unchained Melody

Titel: Unchained Melody

Interpret 1: Les Baxter

Veröffentlichung 1: 1955

Genre 1: Popsong

Interpret 2: The Righteous Brothers

Veröffentlichung 2: 1965

Genre 2: Blue-eyed Soul

Abbildung 10.16:
Unchained Melody:
Les Baxter

Abbildung 10.17:
Unchained Melody:
The Righteous Brothers

10.17 (188) Ginny Come Lately

Titel: Ginny Come Lately

Interpret: Brian Hyland

Veröffentlichung: 1962

Genre: Pop

Abbildung 10.18: Ginny Come Lately: Brian Hyland

10.18   (189) Release Me

Titel: Release Me

Interpret 1: Eddie Miller

Veröffentlichung 1: 1949

Interpret 2: Engelbert Humperdinck

Veröffentlichung 2: 1967

Genre: Pop/Country

Bemerkung: etliche Cover-Versionen

Abbildung 10.19:Release Me:Eddie Miller

Abbildung 10.20:
Release Me:
Engelbert Humperdinck

10.19   (190) Will You still love Me tomorrow

Titel: Will You still love Me tomorrow

Interpret: The Shirelles

Veröffentlichung: 1961

Genre: Brill Building (Subgenre der Pop Musik, Gebäude in New York)/Doo-Wop/Pop/Soul

Abbildung 10.21: Will You still love Me tomorrow: The Shirelles

10.20   (191) Travelin' Man

Titel: Travelin' Man

Interpret: Ricky Nelson

Veröffentlichung: 1961

Genre: Doo-Wop/Pop

Abbildung 10.22: Travelin' Man: Ricky Nelson

10.21 (192) Rhythm of the Rain

Titel: Rhythm of the Rain

Interpret 1: The Cascades

Veröffentlichung 1: 1962

Interpret 2: Jason Donovan

Veröffentlichung 2: 1990

Abbildung 10.23:
Rhythm of the Rain:
The Cascades

Abbildung 10.24:
Rhythm of the Rain:
Jason Donovan

10.22 (193) Dream Lover

Titel: Dream Lover

Interpret: Bobby Darin

Veröffentlichung: 1959

Genre: Mix Doo-Wop/Rock/Pop

Abbildung 10.25: Dream Lover: Bobby Darin

10.23 (194) The Young Ones

Titel: The Young Ones

Interpret: Cliff Richard and The Shadows

Veröffentlichung: 1962

Genre: Pop

Bemerkung: Titelsong zum gleichnamigen Film (1961)

Abbildung 10.26: The Young Ones: Cliff Richard and The Shadows

10.24 (195) Wonderful World ("Don't know much about ...")

Titel: Wonderful World ("Don't know much about ...")

Interpret: Sam Cooke

Veröffentlichung: 1960

Genre: Rhythm and Blues/Soul

Abbildung 10.27: Wonderful World ("Don't know much about ..."): Sam Cooke

10.25 (196) Walk Like a Man

Titel: Walk Like a Man

Interpret: The Four Seasons

Veröffentlichung: 1963

Genre: Mix Doo-Wop/Rock/Pop

Abbildung 10.28: Walk Like a Man: The Four Seasons

10.26 (197) Sukiyaki

Titel: Sukiyaki

Interpret 1: Kyu Sakamoto

Veröffentlichung 1: 1961

Interpret 2: The Blue Diamonds

Veröffentlichung 2: 1963

Genre: Orchestral Pop

Abbildung 10.29:Sukiyaki:Kyu Sakamoto

Abbildung 10.30:
Sukiyaki:
The Blue Diamonds

10.27 (198) I will follow Him

Titel: I will follow Him

Interpret 1: Little Peggy March

Veröffentlichung 1: 1963

Interpret 2: Sister Act

Veröffentlichung 2: 1992

Bemerkung: wieder bekannt durch den Film "Sister Act" (1992) mit Whoopi Goldberg

Abbildung 10.31:
I will follow Him:
Little Peggy March

Abbildung 10.32:
I will follow Him:
Sister Act

10.28 (199) Poetry in Motion

Titel: Poetry in Motion

Interpret: Johnny Tillotson

Veröffentlichung: 1960

Genre: Mix Doo-Wop/Rock/Pop

Abbildung 10.33: Poetry in Motion: Johnny Tillotson

10.29 (200) Somethin' Stupid

Titel: Somethin' Stupid

Interpret: Frank und Nancy Sinatra

Veröffentlichung: 1967

Genre: Pop

Bemerkung: Nummer-Eins-Hit in den USA und Großbritannien

Abbildung 10.34: Somethin' Stupid: Frank und Nancy Sinatra

10.30 (201) The Last Waltz

Titel: The Last Waltz

Interpret: Engelbert Humperdinck

Veröffentlichung: 1967

Genre: Easy Listening/Pop

Bemerkung: erreichte europaweite Charts

Abbildung 10.35: The Last Waltz: Engelbert Humperdinck

10.31 (202) Strangers in the Night

Titel: Strangers in the Night

Interpret: Frank Sinatra

Veröffentlichung: 1966

Genre: Traditional Pop

Bemerkung: die Melodie komponierte Bert Kaempfert

Abbildung 10.36: Strangers in the Night: Frank Sinatra

10.32 (203) My Way

Titel: My Way

Interpret: Frank Sinatra

Veröffentlichung: 1969

Genre: Traditional Pop

Bemerkung: zahlreiche Cover-Versionen

Abbildung 10.37: My Way: Frank Sinatra

10.33 (204) Red Roses for a Blue Lady

Titel: Red Roses for a Blue Lady

Interpret 1: Vaughn Monroe and His Orchestra

Veröffentlichung 1: 1949

Interpret 2: Vic Dana

Veröffentlichung 2: 1965

Genre: Easy Listening

Bemerkung: einige Cover-Versionen

Abbildung 10.38:
Red Roses for a Blue Lady:
Vaughn Monroe and His Orchestra

Abbildung 10.39:
Red Roses for a Blue Lady:
Vic Dana

10.34 (205) Moon over Naples / Spanish Eyes

Titel: Moon over Naples / Spanish Eyes

Interpret 1: Bert Kaempfert

Veröffentlichung 1: 1965

Genre 1: Instrumentalstück

Interpret 2: Al Martino

Veröffentlichung 2: 1966

Genre 2: Pop

Abbildung 10.40:
Moon over Naples / Spanish Eyes:
Bert Kaempfert

Abbildung 10.41:
Moon over Naples / Spanish Eyes:
Al Martino

10.35   (206) Blue Moon

Titel: Blue Moon

Interpret 1: Richard Rodgers

Veröffentlichung 1: 1934

Interpret 2: The Marcels

Veröffentlichung 2: 1961

Genre: entwickelte sich zum Jazzstandard

Bemerkung: etliche Cover-Versionen mit Einfluss anderer Genres

Abbildung 10.42:
Blue Moon:
Richard Rodgers

Abbildung 10.43:Blue Moon:The Marcels

10.36   (207) Surfin' U.S.A.

Titel: Surfin' U.S.A.

Interpret: The Beach Boys

Veröffentlichung: 1963

Genre: Surfrock-Song

Abbildung 10.44: Surfin' U.S.A.: The Beach Boys

10.37 (208) The Wanderer

Titel: The Wanderer

 Interpret: Dion

 Veröffentlichung: 1961

 Genre: Mix Doo-Wop/Rock/Rhythm and Blues/Pop

Abbildung 10.45: The Wanderer: Dion

10.38 (209) Please Mr. Postman

Titel: Please Mr. Postman

 Interpret 1: The Marvelettes

 Veröffentlichung 1: 1961

 Genre 1: Rhythm and Blues/Doo-Wop

 Interpret 2: The Carpenters

 Veröffentlichung 2: 1974

 Genre 2: Pop

 Bemerkung: mehrere Cover-Versionen

Abbildung 10.46:
Please Mr. Postman:
The Marvelettes

Abbildung 10.47:
Please Mr. Postman:
The Carpenters

10.39 (210) Sweets for My Sweet

Titel: Sweets for My Sweet

Interpret 1: The Drifters

Veröffentlichung 1: 1961

Genre 1: Rhythm and Blus/Doo-Wop

Interpret 2: The Searchers

Veröffentlichung 2: 1963

Genre 2: Merseybeat

Abbildung 10.48:
Sweets for My Sweet:
The Drifters

Abbildung 10.49:
Sweets for My Sweet:
The Searchers

10.40 (211) Where did our Love Go?

Titel: Where did our Love Go?

Interpret: The Supremes

Veröffentlichung: 1964

Genre: Soul/Pop/Rhythm and Blues

Bemerkung: der erste Millionenseller der Supremes

Abbildung 10.50: Where did our Love Go?: The Supremes

10.41 (212) To Love Somebody

Titel: To Love Somebody

Interpret: The Bee Gees

Veröffentlichung: 1967

Genre: Blue-eyed Soul/Pop

Bemerkung: sehr viele Cover-Versionen

Abbildung 10.51: To Love Somebody: The Bee Gees

10.42   (213) Stand by Me

Titel: Stand by Me

Interpret: Ben E. King

Veröffentlichung: 1961

Genre: Rhythm and Blues/Soul

Bemerkung: 1986 im gleichnamigen Film verwendet, zahlreiche Cover-Versionen

Abbildung 10.52: Stand by Me: Ben E. King

10.43   (214) Little Bit O' Soul

Titel: Little Bit O' Soul

Interpret 1: The Little Darlings

Veröffentlichung 1: 1965

Interpret 2: The Music Explosion

Veröffentlichung 2: 1967

Genre: Bubblegum/Garage Rock/Rhythm and Blues

Abbildung 10.53:
Little Bit O' Soul:
The Little Darlings

Abbildung 10.54:
Little Bit O' Soul:
The Music Explosion

10.44   (215) Love Hurts

Titel: Love Hurts

Interpret 1: The Everly Brothers

Veröffentlichung 1: 1960

Genre 1: Country

Interpret 2: Nazareth

Veröffentlichung 2: 1974

Genre 2: Blues Rock

Abbildung 10.55:
Love Hurts:
The Everly Brothers

Abbildung 10.56:Love Hurts:Nazareth

Kapitel 11

Instrumental-Rock der 1960er

11.1 (216) Tequila

Titel: Tequila

  Interpret: The Champs

  Veröffentlichung: 1958

  Genre: Instrumental Rock/Surf

  Bemerkung: wurde 2001 in die "Grammy Hall of Fame" aufgenommen

Abbildung 11.1: Tequila: The Champs

11.2 (217) Pipeline

Titel: Pipeline

  Interpret: The Chantays

  Veröffentlichung: 1962

  Genre: Surfmusik-Instrumental

  Bemerkung: Covers z.B. von The Shadows

Abbildung 11.2: Pipeline: The Chantays

11.3 (218) All the Stars in the Sky

Titel: All the Stars in the Sky

Interpret: The Tornados

Veröffentlichung: 1962

Abbildung 11.3: All the Stars in the Sky: The Tornados

11.4 (219) Telstar

Titel: Telstar

Interpret: The Tornados

Veröffentlichung: 1962

Genre: Space Age Pop/Surf-Rock/Rock-'n'-Roll

Bemerkung: weltweit meistverkaufter Instrumentaltitel aller Zeiten

Abbildung 11.4: Telstar: The Tornados

11.5 (220) Popeye Twist

Titel: Popeye Twist

Interpret: The Tornados

Veröffentlichung: 1962

Bemerkung: Melodie von "The Sailor's Hornpipe" (traditionell)

Abbildung 11.5: Popeye Twist: The Tornados

11.6 (221) Globetrotter

Titel: Globetrotter
  Interpret: The Tornados
  Veröffentlichung: 1962

Abbildung 11.6: Globetrotter: The Tornados

11.7 (222) Dragonfly

Titel: Dragonfly
  Interpret: The Tornados
  Veröffentlichung: 1963

Abbildung 11.7: Dragonfly: The Tornados

11.8 (223) Amapola

Titel: Amapola
  Interpret: The Spotnicks
  Veröffentlichung: 1962

Abbildung 11.8: Amapola: The Spotnicks

11.9 (224) Happy Guitar

Titel: Happy Guitar
  Interpret: The Spotnicks
  Veröffentlichung: 1964

Abbildung 11.9: Happy Guitar: The Spotnicks

11.10 (225) Galloping Guitars

Titel: Galloping Guitars

Interpret: The Spotnicks

Veröffentlichung: 1961

Abbildung 11.10: Galloping Guitars: The Spotnicks

11.11 (226) Old Spinning Wheel

Titel: Old Spinning Wheel

Interpret: The Spotnicks

Veröffentlichung: 1962

Abbildung 11.11: Old Spinning Wheel: The Spotnicks

11.12 (227) Walk, Don't Run

Titel: Walk, Don't Run

Interpret: The Ventures

Veröffentlichung: 1960

Genre: Instrumental Rock

Bemerkung: der Komponist war Johnny Smith 1954

Abbildung 11.12: Walk, Don't Run: The Ventures

11.13 (228) Apache

Titel: Apache
  Interpret: The Shadows
  Veröffentlichung: 1960

Abbildung 11.13: Apache: The Shadows

11.14 (229) F.B.I.

Titel: F.B.I.
  Interpret: The Shadows
  Veröffentlichung: 1961
  Genre: Instrumental Rock

Abbildung 11.14: F.B.I.: The Shadows

11.15 (230) Atlantis

Titel: Atlantis
  Interpret: The Shadows
  Veröffentlichung: 1963

Abbildung 11.15: Atlantis: The Shadows

11.16 (231) Kon-Tiki

Titel: Kon-Tiki

Interpret: The Shadows

Veröffentlichung: 1961

Genre: Instrumental Surf

Abbildung 11.16: Kon-Tiki: The Shadows

11.17 (232) Wonderful Land

Titel: Wonderful Land

Interpret: The Shadows

Veröffentlichung: 1962

Bemerkung: 1962 acht Wochen lang auf Platz 1 der britischen Hitparade

Abbildung 11.17: Wonderful Land: The Shadows

11.18 (233) Foot Tapper

Titel: Foot Tapper

Interpret: The Shadows

Veröffentlichung: 1963

Bemerkung: im Film "Summer Holiday" (1963)

Abbildung 11.18: Foot Tapper: The Shadows

11.19   (234) Dance On!

Titel: Dance On!
  Interpret: The Shadows
  Veröffentlichung: 1962

Abbildung 11.19: Dance On!: The Shadows

11.20   (235) Theme for Young Lovers

Titel: Theme for Young Lovers
  Interpret: The Shadows
  Veröffentlichung: 1964

Abbildung 11.20: Theme for Young Lovers: The Shadows

11.21   (236) Spring is Nearly Here

Titel: Spring is Nearly Here
  Interpret: The Shadows
  Veröffentlichung: 1967

Abbildung 11.21: Spring is Nearly Here: The Shadows

Kapitel 12

Pop Music mit Mix der 1960er und 1970er

12.1   (237) Oh, What a Night

Titel: Oh, What a Night

Interpret: Frankie Valli & The Four Seasons

Veröffentlichung: 1963

Genre: Disco/Doo-Wop/Soft Rock

Abbildung 12.1: Oh, What a Night: Frankie Valli & The Four Seasons

12.2   (238) Rag Doll

Titel: Rag Doll

Interpret: Frankie Valli & The Four Seasons

Veröffentlichung: 1964

Genre: Pop-Rock/Doo-Wop/Rhythm and Blues

Abbildung 12.2: Rag Doll: Frankie Valli & The Four Seasons

12.3 (239) Can't take my Eyes off You

Titel: Can't take my Eyes off You

Interpret: Frankie Valli

Veröffentlichung: 1967

Genre: Soul/Pop-Rock

Abbildung 12.3: Can't take my Eyes off You: Frankie Valli

12.4 (240) Sugar, Sugar

Titel: Sugar, Sugar

Interpret 1: The Archies

Veröffentlichung 1: 1969

Genre 1: Hymne des Bubblegum Pop

Interpret 2: Wilson Pickett

Veröffentlichung 2: 1970

Genre 2: Soul

Abbildung 12.5: Sugar, Sugar: Wilson Pickett

Abbildung 12.4:Sugar, Sugar:The Archies

12.5 (241) Summer in the City

Titel: Summer in the City

Interpret: The Lovin' Spoonful

Veröffentlichung: 1966

Genre: Pop/Rock/Psychedelic Rock

Abbildung 12.6: Summer in the City: The Lovin' Spoonful

12.6 (242) Mr. Tambourine Man

Titel: Mr. Tambourine Man
  Interpret: The Byrds
  Veröffentlichung: 1965
  Genre: Folk-Rock

Abbildung 12.7: Mr. Tambourine Man: The Byrds

12.7 (243) Turn! Turn! Turn!

Titel: Turn! Turn! Turn!
  Interpret 1: The Byrds
  Veröffentlichung 1: 1965
  Interpret 2: The Seekers
  Veröffentlichung 2: 1966
  Genre: Folk-Rock/Jangle Pop

Abbildung 12.8:
Turn! Turn! Turn!:
The Byrds

Abbildung 12.9:
Turn! Turn! Turn!:
The Seekers

12.8 (244) Mademoiselle Ninette

Titel: Mademoiselle Ninette
  Interpret: Soulful Dynamics
  Veröffentlichung: 1970

Bemerkung: etliche Cover-Versionen

Abbildung 12.10: Mademoiselle Ninette: Soulful Dynamics

12.9 (245) In the Summertime

Titel: In the Summertime

Interpret: Mungo Jerry

Veröffentlichung: 1970

Genre: Skiffle (Mix aus blues, country, folk, und jazz)

Bemerkung: umsatzstärkster Sommerhit aller Zeiten

Abbildung 12.11: In the Summertime: Mungo Jerry

12.10 (246) Beautiful Sunday

Titel: Beautiful Sunday

Interpret: Daniel Boone

Veröffentlichung: 1972

Genre: Bubblegum Pop/Folk/Soft-Rock

Abbildung 12.12: Beautiful Sunday: Daniel Boone

12.11 (247) San Francisco

Titel: San Francisco

Interpret: Scott McKenzie

Veröffentlichung: 1967

Genre: Pop/Psychedelic Pop

Bemerkung: Hymne der Hippie-Bewegung

Abbildung 12.13: San Francisco: Scott McKenzie

12.12   (248) Blowin' in the Wind

Titel: Blowin' in the Wind

Interpret: Bob Dylan

Veröffentlichung: 1963

Genre: Folk

Bemerkung: wurde zu einer Hymne der amerikanischen Bürgerrechts- und Friedensbewegung

Abbildung 12.14: Blowin' in the Wind: Bob Dylan

12.13   (249) Eve of Destruction

Titel: Eve of Destruction

Interpret: Barry McGuire

Veröffentlichung: 1965

Genre: Folk-Rock

Bemerkung: Protest-Song zur Zeit von Rassentrennung, Kaltem und Vietnam-Krieg

Abbildung 12.15: Eve of Destruction: Barry McGuire

12.14   (250) The Times they are a-changin'

Titel: The Times they are a-changin'

Interpret: Bob Dylan

Veröffentlichung: 1964

Genre: Folk/Protest Music

Abbildung 12.16: The Times they are a-changin': Bob Dylan

12.15 (251) Delilah

Titel: Delilah

Interpret: Tom Jones

Veröffentlichung: 1968

Genre: Pop

Abbildung 12.17: Delilah: Tom Jones

12.16 (252) My Little Lady

Titel: My Little Lady

Interpret: The Tremeloes

Veröffentlichung: 1968

Genre: Pop

Abbildung 12.18: My Little Lady: The Tremeloes

12.17 (253) Pretty Belinda

Titel: Pretty Belinda

Interpret: Chris Andrews

Veröffentlichung: 1969

Genre: Pop

Abbildung 12.19: Pretty Belinda: Chris Andrews

12.18 (254) Help Yourself

Titel: Help Yourself

Interpret: Tom Jones

Veröffentlichung: 1968

Genre: Pop

Bemerkung: Cover des italienischen Lieds "Gli occhi miei" von 1968

Abbildung 12.20: Help Yourself: Tom Jones

12.19 (255) Oh Happy Day

Titel: Oh Happy Day

Interpret: The Edwin Hawkins Singers

Veröffentlichung: 1968

Genre: Gospel Chor

Bemerkung: internationaler Erfolg

Abbildung 12.21: Oh Happy Day: The Edwin Hawkins Singers

12.20 (256) California Dreamin'

Titel: California Dreamin'

Interpret: The Mamas and The Papas

Veröffentlichung: 1965

Genre: Sunshine Pop/Psychedelic Pop/Folk-Rock/Soft-Rock

Bemerkung: Millionenseller, zahlreiche Cover-Versionen

Abbildung 12.22: California Dreamin': The Mamas and The Papas

12.21   (257) Aquarius u. Let the Sunshine In

Titel: Aquarius u. Let the Sunshine In

Interpret: The Fifth Dimension

Veröffentlichung: 1969

Genre: Psychedelic Soul/Sunshine Pop/Bubblegum Pop

Bemerkung: Medley aus dem Musical "Hair" (1968)

Abbildung 12.23: Aquarius u. Let the Sunshine In: The Fifth Dimension

12.22   (258) Sweet Caroline

Titel: Sweet Caroline

Interpret: Neil Diamond

Veröffentlichung: 1969

Genre: Soft-Rock

Bemerkung: ist durch seine Verwendung bei Sportveranstaltungen heute noch populär

Abbildung 12.24: Sweet Caroline: Neil Diamond

12.23 (259) Tie a Yellow Ribbon (... round the Ole Oak Tree)

Titel: Tie a Yellow Ribbon (... round the Ole Oak Tree)

Interpret: Tony Orlando und Dawn

Veröffentlichung: 1973

Genre: Pop

Abbildung 12.25: Tie a Yellow Ribbon (... round the Ole Oak Tree): Tony Orlando und Dawn

12.24 (260) The Birds and the Bees

Titel: The Birds and the Bees

Interpret: Jewel Akens

Veröffentlichung: 1964

Genre: Pop/Honky-Tonk

Bemerkung: einige Cover-Versionen

Abbildung 12.26: The Birds and the Bees: Jewel Akens

12.25 (261) Seasons in the Sun

Titel: Seasons in the Sun

Interpret: Terry Jacks

Veröffentlichung: 1974

Genre: Pop/Soft Rock

Bemerkung: basierend auf dem Chanson "Le Moribond" von Jacques Brel von 1961

Abbildung 12.27: Seasons in the Sun: Terry Jacks

12.26 (262) Happy Summer Days

Titel: Happy Summer Days

Interpret: Ronnie Dove

Veröffentlichung: 1966

Genre: Pop

Abbildung 12.28: Happy Summer Days: Ronnie Dove

12.27 (263) Morning Sky

Titel: Morning Sky

Interpret: George Baker Selection

Veröffentlichung: 1975

Genre: Pop

Bemerkung: zweitgrößter Erfolg der niederländischen Popband

Abbildung 12.29: Morning Sky: George Baker Selection

12.28 (264) Paloma Blanca

Titel: Paloma Blanca

Interpret: George Baker Selection

Veröffentlichung: 1975

Genre: Pop

Bemerkung: größter internationaler Erfolg der niederländischen Popband

Abbildung 12.30: Paloma Blanca: George Baker Selection

12.29   (265) Daydream Believer

Titel: Daydream Believer

    Interpret 1: The Monkees

    Veröffentlichung 1: 1967

    Genre 1: Psychedelic Pop/Baroque Pop

    Interpret 2: John Stewart

    Veröffentlichung 2: 1971

    Genre 2: Folk

Abbildung 12.31:
Daydream Believer:
The Monkees

Abbildung 12.32:
Daydream Believer:
John Stewart

12.30   (266) As Tears Go By

Titel: As Tears Go By

    Interpret 1: Marianne Faithfull

    Veröffentlichung 1: 1964

    Genre 1: Baroque Pop

    Interpret 2: The Rolling Stones

    Veröffentlichung 2: 1965

    Genre 2: Baroque Pop/Folk-Rock

Abbildung 12.33:
As Tears Go By:
Marianne Faithfull

Abbildung 12.34:
As Tears Go By:
The Rolling Stones

12.31   (267) The Lion Sleeps Tonight ("Wimoweh")

Titel: The Lion Sleeps Tonight ("Wimoweh")

    Interpret 1: The Weavers

    Veröffentlichung 1: 1951

    Interpret 2: The Tokens

Veröffentlichung 2: 1961

Genre: Rhythm and Blues/Doo-Wop/Folk

Bemerkung: etliche Cover-Versionen

Abbildung 12.35:
The Lion Sleeps Tonight ("Wimoweh"):
The Weavers

Abbildung 12.36:
The Lion Sleeps Tonight ("Wimoweh"):
The Tokens

12.32 (268) Take good Care of my Baby

Titel: Take good Care of my Baby

Interpret 1: Bobby Vee

Veröffentlichung 1: 1961

Interpret 2: Bobby Vinton

Veröffentlichung 2: 1968

Genre: Soft-Rock/Pop

Abbildung 12.37:
Take good Care of my Baby:
Bobby Vee

Abbildung 12.38:
Take good Care of my Baby:
Bobby Vinton

12.33 (269) A World without Love

Titel: A World without Love

Interpret: Peter and Gordon

Veröffentlichung: 1964

Genre: Pop

Abbildung 12.39: A World without Love: Peter and Gordon

12.34 (270) Bobby's Girl

Titel: Bobby's Girl

Interpret 1: Marcie Blane

Veröffentlichung 1: 1962

Interpret 2: Susan Maughan

Veröffentlichung 2: 1962

Genre: Pop-Rock

Abbildung 12.40:
Bobby's Girl:
Marcie Blane

Abbildung 12.41:
Bobby's Girl:
Susan Maughan

12.35 (271) A World of Our Own

Titel: A World of Our Own

Interpret: The Seekers

Veröffentlichung: 1965

Genre: Pop/Folk

Bemerkung: v.a. im Australien und Großbritannien bekannt

Abbildung 12.42: A World of Our Own: The Seekers

12.36 (272) The Carnival is Over

Titel: The Carnival is Over

Interpret: The Seekers

Veröffentlichung: 1965

Genre: Folk-Rock/Baroque Pop

Bemerkung: die Melodie stammt vom traditionellen russischen Volkslied "Stenka Razin"

Abbildung 12.43: The Carnival is Over: The Seekers

12.37 (273) Walk Right In

Titel: Walk Right In
  Interpret: The Rooftop Singers
  Veröffentlichung: 1962
  Genre: Folk/Folk-Pop/Novelty

Abbildung 12.44: Walk Right In: The Rooftop Singers

12.38 (274) Catch the Wind

Titel: Catch the Wind
  Interpret: Donovan
  Veröffentlichung: 1965
  Genre: Folk

Abbildung 12.45: Catch the Wind: Donovan

12.39 (275) Vincent ("Starry Starry Night")

Titel: Vincent ("Starry Starry Night")
  Interpret: Don McLean
  Veröffentlichung: 1971
  Genre: Folk
  Bemerkung: Hommage an den Maler Vincent van Gogh

Abbildung 12.46: Vincent ("Starry Starry Night"): Don McLean

12.40 (276) (Down by the) Banks of the Ohio

Titel: (Down by the) Banks of the Ohio

   Interpret: Olivia Newton-John

   Veröffentlichung: 1971

   Genre: Folk

   Bemerkung: war ursprünglich eine Ballade aus dem 19. Jahrhundert

Abbildung 12.47: (Down by the) Banks of the Ohio: Olivia Newton-John

12.41 (277) (The Lights went out in) Massachusetts

Titel: (The Lights went out in) Massachusetts

   Interpret: The Bee Gees

   Veröffentlichung: 1967

   Genre: Pop/Country/Psychedelia

   Bemerkung: Nummer-1-Hit in den USA und weiteren Ländern

Abbildung 12.48: (The Lights went out in) Massachusetts: The Bee Gees

12.42 (278) I started a Joke

Titel: I started a Joke

   Interpret: The Bee Gees

   Veröffentlichung: 1968

   Genre: Pop/Soft-Rock

Abbildung 12.49: I started a Joke: The Bee Gees

12.43   (279) Don't Forget to Remember

Titel: Don't Forget to Remember

Interpret: The Bee Gees

Veröffentlichung: 1969

Genre: Country/Folk/Easy Listening

Abbildung 12.50: Don't Forget to Remember: The Bee Gees

12.44   (280) Mull of Kintyre

Titel: Mull of Kintyre

Interpret: Wings

Veröffentlichung: 1977

Genre: Scottish Folk

Abbildung 12.51: Mull of Kintyre: Wings

12.45   (281) Georgy Girl

Titel: Georgy Girl

Interpret: The Seekers

Veröffentlichung: 1966

Genre: Folk-Pop

Bemerkung: Titelsong des gleichnamigen Films von 1966

Abbildung 12.52: Georgy Girl: The Seekers

12.46 (282) I will never find another You

Titel: I will never find another You

Interpret 1: The Seekers

Veröffentlichung 1: 1964

Genre 1: Folk-Pop

Interpret 2: Sonny James

Veröffentlichung 2: 1967

Genre 2: Country, wesentlich schneller

Abbildung 12.53:
I will never find another You:
The Seekers

Abbildung 12.54:
I will never find another You:
Sonny James

12.47 (283) Morningtown Ride

Titel: Morningtown Ride

Interpret 1: Malvina Reynolds

Veröffentlichung 1: 1957

Interpret 2: The Seekers

Veröffentlichung 2: 1966

Genre: Folk-Pop/Lullaby

Abbildung 12.55:
Morningtown Ride:
Malvina Reynolds

Abbildung 12.56:
Morningtown Ride:
The Seekers

12.48   (284) Island of Dreams

Titel: Island of Dreams

Interpret: The Springfields

Veröffentlichung: 1962

Genre: Contemporary Folk

Abbildung 12.57: Island of Dreams: The Springfields

12.49   (285) Downtown

Titel: Downtown

Interpret: Petula Clark

Veröffentlichung: 1964

Genre: Pop

Bemerkung: Remix 1988 auch von Petula Clark

Abbildung 12.58: Downtown: Petula Clark

12.50   (286) One Way Wind

Titel: One Way Wind

Interpret: The Cats

Veröffentlichung: 1971

Genre: Pop/Soft Rock

Abbildung 12.59: One Way Wind: The Cats

12.51　(287) Red Rubber Ball

Titel: Red Rubber Ball

    Interpret: The Cyrkle

    Veröffentlichung: 1966

    Genre: Bubblegum Pop

    Bemerkung: geschrieben von Bruce Woodley (The Seekers) and Paul Simon (Simon and Garfunkel)

Abbildung 12.60: Red Rubber Ball: The Cyrkle

12.52　(288) Do Wah Diddy Diddy

Titel: Do Wah Diddy Diddy

    Interpret 1: Manfred Mann

    Veröffentlichung 1: 1964

    Genre 1: Beat/Rock

    Interpret 2: Fun Factory

    Veröffentlichung 2: 1995

    Genre 2: Eurodance

    Bemerkung: in der urspünglichen Version ein Millionenseller

Abbildung 12.61:
Do Wah Diddy Diddy:
Manfred Mann

Abbildung 12.62:
Do Wah Diddy Diddy:
Fun Factory

12.53　(289) Hang On Sloopy

Titel: Hang On Sloopy

    Interpret 1: Vibrations

    Veröffentlichung 1: 1964

    Genre 1: Rhythm and Blues

    Interpret 2: The McCoys

    Veröffentlichung 2: 1964

Genre 2: Garage Rock

Bemerkung: wurde in beiden Versionen ein Millionenseller

Abbildung 12.63:
Hang On Sloopy:
Vibrations

Abbildung 12.64:
Hang On Sloopy:
The McCoys

12.54 (290) Chirpy Chirpy Cheep Cheep

Titel: Chirpy Chirpy Cheep Cheep

Interpret 1: Lally Stott

Veröffentlichung 1: 1970

Interpret 2: Middle of the Road

Veröffentlichung 2: 1970

Genre: Bubblegum Pop

Abbildung 12.65:
Chirpy Chirpy Cheep Cheep:
Lally Stott

Abbildung 12.66:
Chirpy Chirpy Cheep Cheep:
Middle of the Road

12.55 (291) Co-Co

Titel: Co-Co

Interpret: Sweet

Veröffentlichung: 1971

Genre: Bubblegum Pop

Abbildung 12.67: Co-Co: Sweet

12.56   (292) Da Doo Ron Ron

Titel: Da Doo Ron Ron

Interpret 1: The Crystals

Veröffentlichung 1: 1963

Genre 1: Rhythm and Blues/Pop/Rock-'n'-Roll

Interpret 2: Shaun Cassidy

Veröffentlichung 2: 1977

Genre 2: Pop

Abbildung 12.68:   Abbildung 12.69:
Da Doo Ron Ron: Da Doo Ron Ron:
The Crystals   Shaun Cassidy

12.57   (293) Mama Loo

Titel: Mama Loo

Interpret: Les Humphries Singers

Veröffentlichung: 1973

Genre: Rhythm and Blues/Soul/Pop/Rock

Bemerkung: heute noch eines der Abschlusslieder von "Mainz bleibt Mainz" im Karneval

Abbildung 12.70: Mama Loo: Les Humphries Singers

12.58   (294) Silence is Golden

Titel: Silence is Golden

Interpret 1: Frankie Valli & The Four Seasons

Veröffentlichung 1: 1964

Interpret 2: The Tremeloes

Veröffentlichung 2: 1967

Genre: Pop

Abbildung 12.71:
Silence is Golden:
Frankie Valli & The Four Seasons

Abbildung 12.72:
Silence is Golden:
The Tremeloes

12.59   (295) Yellow River

Titel: Yellow River

Interpret 1: Christie

Veröffentlichung 1: 1970

Interpret 2: The Tremeloes

Veröffentlichung 2: 1970

Genre: Pop-Rock

Abbildung 12.74:
Yellow River:
The Tremeloes

Abbildung 12.73:Yellow River:Christie

12.60   (296) Down by the River

Titel: Down by the River

Interpret: Albert Hammond

Veröffentlichung: 1972

Genre: Pop/Soft-Rock

Abbildung 12.75: Down by the River: Albert Hammond

12.61   (297) Mandy

Titel: Mandy

Interpret 1: Scott English

Veröffentlichung 1: 1971

Genre 1: Pop

Interpret 2: Barry Manilow

Veröffentlichung 2: 1974

Genre 2: Soft Rock

Abbildung 12.76:Mandy:Scott English

Abbildung 12.77:Mandy:Barry Manilow

12.62   (298) Top of the World

Titel: Top of the World

    Interpret 1: The Carpenters

    Veröffentlichung 1: 1973

    Genre 1: Soft Rock/Pop

    Interpret 2: Lynn Anderson

    Veröffentlichung 2: 1973

    Genre 2: Country-Pop

Abbildung 12.78:
Top of the World:
The Carpenters

Abbildung 12.79:
Top of the World:
Lynn Anderson

12.63   (299) Piano Man

Titel: Piano Man

    Interpret: Billy Joel

    Veröffentlichung: 1973

    Genre: Soft-Rock/Folk-Rock/Folk-Pop

Abbildung 12.80: Piano Man: Billy Joel

12.64 (300) I Can See clearly now

Titel: I Can See clearly now

Interpret: Johnny Nash

Veröffentlichung: 1972

Genre: Reggae/Soul/Rhythm and Blues

Bemerkung: zahlreiche Cover-Versionen

Abbildung 12.81: I Can See clearly now: Johnny Nash

12.65 (301) Sun of Jamaica

Titel: Sun of Jamaica

Interpret: Goombay Dance Band

Veröffentlichung: 1979

Genre: Euro Disco/Schlager

Abbildung 12.82: Sun of Jamaica: Goombay Dance Band

12.66 (302) Seven Tears

Titel: Seven Tears

Interpret: Goombay Dance Band

Veröffentlichung: 1981

Genre: Euro Disco

Abbildung 12.83: Seven Tears: Goombay Dance Band

12.67 (303) Oh, Pretty Woman

Titel: Oh, Pretty Woman

Interpret 1: Roy Orbison

Veröffentlichung 1: 1964

Genre 1: Rock-'n'-Roll/Rockabilly

Interpret 2: Van Halen

Veröffentlichung 2: 1982

Genre 2: Rock-'n'-Roll/Hard Rock

Bemerkung: wieder bekannt durch gleichnamigen Film von 1990

Abbildung 12.84:
Oh, Pretty Woman:
Roy Orbison

Abbildung 12.85:
Oh, Pretty Woman:
Van Halen

12.68 (304) Only the Lonely

Titel: Only the Lonely

Interpret: Roy Orbison

Veröffentlichung: 1960

Genre: Rock/Pop/Rock-'n'-Roll

Abbildung 12.86: Only the Lonely: Roy Orbison

12.69 (305) California Blue

Titel: California Blue

Interpret: Roy Orbison

Veröffentlichung: 1989

Genre: Pop

Abbildung 12.87: California Blue: Roy Orbison

12.70   (306) You Got It

Titel: You Got It

Interpret: Roy Orbison

Veröffentlichung: 1988

Genre: Rock

Bemerkung: letztes Lied von Roy Orbison

Abbildung 12.88: You Got It: Roy Orbison

12.71   (307) Handle with Care

Titel: Handle with Care

Interpret: The Traveling Wilburys

Veröffentlichung: 1988

Genre: Folk-Rock

Bemerkung: erfolgreichste Nummer der ursprünglichen "British-American supergroup" bestehend aus Harrison, Lynne, Bob Dylan, Roy Orbison and Tom Petty.

Abbildung 12.89: Handle with Care: The Traveling Wilburys

12.72 (308) I only Wanna to be with You

Titel: I only Wanna to be with You

  Interpret 1: Dusty Springfield

  Veröffentlichung 1: 1963

  Genre 1: Pop/Blue-eyed Soul

  Interpret 2: The Bay City Rollers

  Veröffentlichung 2: 1976

  Genre 2: Pop-Rock/Power Pop

  Bemerkung: zahlreiche Cover-Versionen

Abbildung 12.90:   Abbildung 12.91:
I only Wanna to be with You: I only Wanna to be with You:
Dusty Springfield   The Bay City Rollers

12.73 (309) A Lover's Concerto

Titel: A Lover's Concerto

  Interpret: The Toys

  Veröffentlichung: 1965

  Genre: Pop-Rock

  Bemerkung: erzielte Top-Ten-Positionen weltweit

Abbildung 12.92: A Lover's Concerto: The Toys

12.74 (310) Knock, Knock, who's there?

Titel: Knock, Knock, who's there?

  Interpret: Mary Hopkins

  Veröffentlichung: 1970

  Genre: Schlager

  Bemerkung: britischer Beitrag zum Eurovision Song Contest 1970

Abbildung 12.93: Knock, Knock, who's there?: Mary Hopkins

12.75 (311) Waterloo

Titel: Waterloo

Interpret: ABBA

Veröffentlichung: 1974

Genre: Europop/Pop/Rock/Rock-'n'-Roll

Abbildung 12.94: Waterloo: ABBA

12.76 (312) Dancing Queen

Titel: Dancing Queen

Interpret: ABBA

Veröffentlichung: 1976

Genre: Disco/Europop

Abbildung 12.95: Dancing Queen: ABBA

12.77 (313) Mamma Mia

Titel: Mamma Mia

Interpret: ABBA

Veröffentlichung: 1975

Genre: Europop/Pop-Rock

Abbildung 12.96: Mamma Mia: ABBA

12.78   (314) Money, Money, Money

Titel: Money, Money, Money

Interpret: ABBA

Veröffentlichung: 1976

Genre: Pop/Baroque Pop

Abbildung 12.97: Money, Money, Money: ABBA

12.79   (315) Thank You for the Music

Titel: Thank You for the Music

Interpret: ABBA

Veröffentlichung: 1977

Genre: Pop

Abbildung 12.98: Thank You for the Music: ABBA

12.80   (316) I have a Dream

Titel: I have a Dream

Interpret: ABBA

Veröffentlichung: 1979

Genre: Europop/Schlager

Abbildung 12.99: I have a Dream: ABBA

12.81　(317) Super Trouper

Titel: Super Trouper

    Interpret: ABBA

    Veröffentlichung: 1980

    Genre: Pop

    Bemerkung: neunter Nummer-Eins-Hit in den UK Singles Chart

Abbildung 12.100: Super Trouper: ABBA

12.82　(318) Arrival

Titel: Arrival

    Interpret: ABBA

    Veröffentlichung: 1976

    Genre: Instrumental Pop

Abbildung 12.101: Arrival: ABBA

12.83　(319) Xanadu

Titel: Xanadu

    Interpret: Olivia Newton-John and ELO

    Veröffentlichung: 1979

    Genre: Disco/Pop

    Bemerkung: Nummer-Eins-Hit in vielen Ländern

Abbildung 12.102: Xanadu: Olivia Newton-John and ELO

12.84　(320) Rivers of Babylon

Titel: Rivers of Babylon

Interpret 1: The Melodians

Veröffentlichung 1: 1970

Genre 1: Rastafari Song

Interpret 2: Boney M.

Veröffentlichung 2: 1978

Genre 2: Rocksteady/Pop (beeinflusst durch Jamaica Sound)

Abbildung 12.103:
Rivers of Babylon:
The Melodians

Abbildung 12.104:
Rivers of Babylon:
Boney M.

12.85　(321) I see a Boat on the River

Titel: I see a Boat on the River

Interpret: Boney M.

Veröffentlichung: 1980

Genre: Pop, Eurodisco

Abbildung 12.105: I see a Boat on the River: Boney M.

12.86　(322) Sha la la la la

Titel: Sha la la la la

Interpret 1: The Walkers

Veröffentlichung 1: 1973

Genre 1: Glam Rock

Interpret 2: The Vengaboys

Veröffentlichung 2: 2000

Genre 2: Eurodance/Dance-Pop

Abbildung 12.106:
Sha la la la la:
The Walkers

Abbildung 12.107:
Sha la la la la:
The Vengaboys

12.87 (323) You're the One That I Want

Titel: You're the One That I Want

Interpret: John Travolta &Olivia Newton

Veröffentlichung: 1978

Genre: Pop

Bemerkung: im Musical-Film "Grease" (1978), "Witz-Version" von Didi Hallervorden siehe weiter unten!

Abbildung 12.108: You're the One That I Want: John Travolta &Olivia Newton

12.88 (324) You can't hurry Love

Titel: You can't hurry Love

Interpret 1: The Supremes

Veröffentlichung 1: 1966

Genre 1: Pop/Soul/Rhythm and Blues

Interpret 2: Phil Collins

Veröffentlichung 2: 1982

Genre 2: Pop-Rock/Blue-eyed Soul/New Wave

Abbildung 12.109:
You can't hurry Love:
The Supremes

Abbildung 12.110:
You can't hurry Love:
Phil Collins

12.89 (325) The Shoop Shoop Song ("It's in His Kiss")

Titel: The Shoop Shoop Song ("It's in His Kiss")

Interpret 1: Betty Everett

Veröffentlichung 1: 1964

Genre 1: Rhythm and Blues/Soul/Pop

Interpret 2: Cher

Veröffentlichung 2: 1990

Genre 2: Pop-Rock

Abbildung 12.111:
The Shoop Shoop Song ("It's in His Kiss"):
Betty Everett

Abbildung 12.112:
The Shoop Shoop Song ("It's in His Kiss"):
Cher

12.90 (326) Got my Mind set on You

Titel: Got my Mind set on You

Interpret 1: James Ray

Veröffentlichung 1: 1962

Genre 1: Rock/Rhythm and Blues/Soul

Interpret 2: George Harrison

Veröffentlichung 2: 1987

Genre 2: Rock/Pop-Rock

Abbildung 12.113:
Got my Mind set on You:
James Ray

Abbildung 12.114:
Got my Mind set on You:
George Harrison

12.91 (327) The Tide is High

Titel: The Tide is High

Interpret 1: The Paragons

Veröffentlichung 1: 1967

Genre 1: Rocksteady

Interpret 2: Blondie

Veröffentlichung 2: 1980

Genre 2: Reggae/Calypso/Rocksteady/Pop

Abbildung 12.115:
The Tide is High:
The Paragons

Abbildung 12.116:
The Tide is High:
Blondie

12.92 (328) Denis

Titel: Denis

Interpret 1: Randy and The Rainbows

Veröffentlichung 1: 1963

Genre 1: Doo-Wop

Interpret 2: Blondie

Veröffentlichung 2: 1978

Genre 2: New Wave/Doo-Wop

Abbildung 12.117:
Denis:
Randy and The Rainbows

Abbildung 12.118:Denis:Blondie

12.93 (329) Heart of Glass

Titel: Heart of Glass

Interpret: Blondie

Veröffentlichung: 1978

Genre: Disco/New Wave

Bemerkung: größter Hit der Band "Blondie"

Abbildung 12.119: Heart of Glass: Blondie

12.94 (330) Kingston Town

Titel: Kingston Town

Interpret 1: Lord Creator

Veröffentlichung 1: 1970

Interpret 2: UB40

Veröffentlichung 2: 1990

Genre: Reggae

Abbildung 12.120:
Kingston Town:
Lord Creator

Abbildung 12.121:Kingston Town:UB40

12.95 (331) Red Red Wine

Titel: Red Red Wine

Interpret 1: Neil Diamond

Veröffentlichung 1: 1968

Genre 1: Soft Rock/Folk-Rock

Interpret 2: UB40

Veröffentlichung 2: 1983

Genre 2: Reggae

Abbildung 12.122:
Red Red Wine:
Neil Diamond

Abbildung 12.123:Red Red Wine:UB40

12.96 (332) (We're going to) Barbados

Titel: (We're going to) Barbados

Interpret: Typically Tropical

Veröffentlichung: 1975

Genre: Pop/Cod Reggae

Abbildung 12.124: (We're going to) Barbados: Typically Tropical

12.97 (333) The Loco-Motion

Titel: The Loco-Motion

Interpret 1: Little Eva

Veröffentlichung 1: 1962

Genre 1: Pop/Rhythm and Blues

Interpret 2: Kylie Minogue

Veröffentlichung 2: 1987

Genre 2: Pop/Dance

Abbildung 12.125:
The Loco-Motion:
Little Eva

Abbildung 12.126:
The Loco-Motion:
Kylie Minogue

12.98 (334) Ramaya

Titel: Ramaya
  Interpret: Afric Simone
  Veröffentlichung: 1975
  Genre: Funk/Soul/Disco

Abbildung 12.127: Ramaya: Afric Simone

12.99 (335) Kung Fu Fighting

Titel: Kung Fu Fighting
  Interpret: Carl Douglas
  Veröffentlichung: 1974
  Genre: Pop/Disco

Abbildung 12.128: Kung Fu Fighting: Carl Douglas

12.100 (336) The Sound of Silence

Titel: The Sound of Silence
  Interpret: Simon & Garfunkel
  Veröffentlichung: 1965
  Genre: Folk-Rock
  Bemerkung: im Film "Die Reifeprüfung" von 1967

Abbildung 12.129: The Sound of Silence: Simon & Garfunkel

12.101 (337) Bridge over Troubled Water

Titel: Bridge over Troubled Water

Interpret: Simon & Garfunkel

Veröffentlichung: 1970

Genre: Soft-Rock/Folk-Rock

Abbildung 12.130: Bridge over Troubled Water: Simon & Garfunkel

12.102 (338) Mrs. Robinson

Titel: Mrs. Robinson

Interpret 1: Simon & Garfunkel

Veröffentlichung 1: 1968

Genre 1: Folk-Rock

Interpret 2: Frank Sinatra

Veröffentlichung 2: 1969

Genre 2: Orchestral Pop

Abbildung 12.131:
Mrs. Robinson:
Simon & Garfunkel

Abbildung 12.132:
Mrs. Robinson:
Frank Sinatra

12.103 (339) Bright Eyes

Titel: Bright Eyes

Interpret: Simon & Garfunkel

Veröffentlichung: 1978

Genre: Pop

Abbildung 12.133: Bright Eyes: Simon & Garfunkel

12.104 (340) Angel of the Morning

Titel: Angel of the Morning

Interpret 1: Evie Sands

Veröffentlichung 1: 1967

Genre 1: Pop

Interpret 2: Juice Newton

Veröffentlichung 2: 1981

Genre 2: Pop/Soft-Rock

Abbildung 12.134:
Angel of the Morning:
Evie Sands

Abbildung 12.135:
Angel of the Morning:
Juice Newton

12.105 (341) Honey

Titel: Honey

Interpret: Bobby Coldsboro

Veröffentlichung: 1968

Genre: Pop/Country

Abbildung 12.136: Honey: Bobby Coldsboro

12.106 (342) Butterfly

Titel: Butterfly

Interpret: Danyel Gérard

Veröffentlichung: 1970

Genre: Popsong

Bemerkung: entwickelte sich zum Millionenseller

Abbildung 12.137: Butterfly: Danyel Gérard

12.107 (343) If You could read my Mind

Titel: If You could read my Mind

Interpret 1: Gordon Lightfoot

Veröffentlichung 1: 1970

Genre 1: Soft Rock/Folk-Rock

Interpret 2: Viola Wills

Veröffentlichung 2: 1980

Genre 2: Dance-Pop

Abbildung 12.138:
If You could read my Mind:
Gordon Lightfoot

Abbildung 12.139:
If You could read my Mind:
Viola Wills

12.108 (344) Song Sung Blue

Titel: Song Sung Blue

Interpret: Neil Diamond

Veröffentlichung: 1972

Genre: Pop/Country

Abbildung 12.140: Song Sung Blue: Neil Diamond

12.109   (345) Imagine

Titel: Imagine

Interpret: John Lennon

Veröffentlichung: 1971

Genre: Soft-Rock

Bemerkung: gilt als eine Hymne der Friedensbewegung

Abbildung 12.141: Imagine: John Lennon

12.110   (346) I'm Sailing

Titel: I'm Sailing

Interpret 1: Sutherland Brothers

Veröffentlichung 1: 1972

Genre 1: Pop/Folk-Rock

Interpret 2: Rod Stewart

Veröffentlichung 2: 1975

Genre 2: Soft Rock

Abbildung 12.142:
I'm Sailing:
Sutherland Brothers

Abbildung 12.143:
I'm Sailing:
Rod Stewart

12.111   (347) Moviestar

Titel: Moviestar

Interpret: Harpo

Veröffentlichung: 1975

Genre: Pop/Schlager

Abbildung 12.144: Moviestar: Harpo

12.112 (348) Porqué Te Vas?

Titel: Porqué Te Vas?

Interpret: Jeanette

Veröffentlichung: 1974

Genre: Pop

Abbildung 12.145: Porqué Te Vas?: Jeanette

12.113 (349) How can I tell Her

Titel: How can I tell Her

Interpret: Lobo

Veröffentlichung: 1973

Genre: Soft Rock

Abbildung 12.146: How can I tell Her: Lobo

12.114 (350) I'd love You to want Me

Titel: I'd love You to want Me

Interpret: Lobo

Veröffentlichung: 1972

Genre: Folk-Rock/Soft Rock

Abbildung 12.147: I'd love You to want Me: Lobo

12.115 (351) Me and You and a Dog named Boo

Titel: Me and You and a Dog named Boo

Interpret: Lobo

Veröffentlichung: 1971

Genre: Soft Rock/Pop/Country

Abbildung 12.148: Me and You and a Dog named Boo: Lobo

12.116 (352) All Kinds of Everything

Titel: All Kinds of Everything

Interpret: Dana

Veröffentlichung: 1970

Genre: Baroque Pop

Bemerkung: Siegerlied des Eurovision Song Contest 1970

Abbildung 12.149: All Kinds of Everything: Dana

12.117 (353) Stumblin' In

Titel: Stumblin' In

Interpret: Chris Norman and Suzi Quatro

Veröffentlichung: 1978

Genre: Pop-Rock/Soft-Rock

Abbildung 12.150: Stumblin' In: Chris Norman and Suzi Quatro

12.118 (354) It's a Heartache

Titel: It's a Heartache
  Interpret: Bonnie Tyler
  Veröffentlichung: 1977
  Genre: Soft Rock/Rock-Ballade
  Bemerkung: Millionen-Seller

Abbildung 12.151: It's a Heartache: Bonnie Tyler

12.119 (355) Living next door to Alice

Titel: Living next door to Alice
  Interpret 1: New World
  Veröffentlichung 1: 1972
  Genre 1: Pop/Folk
  Interpret 2: Smokie
  Veröffentlichung 2: 1976
  Genre 2: Soft-Rock/Pop-Rock

Abbildung 12.152:
Living next door to Alice:
New World

Abbildung 12.153:
Living next door to Alice:
Smokie

12.120 (356) It never rains in Southern California

Titel: It never rains in Southern California

Interpret: Albert Hammond
Veröffentlichung: 1972
Genre: Soft Rock

Abbildung 12.154: It never rains in Southern California: Albert Hammond

12.121   (357) Raindrops Keep Fallin' on My Head

Titel: Raindrops Keep Fallin' on My Head
Interpret: B. J. Thomas
Veröffentlichung: 1969
Genre: Pop/Soft-Rock

Abbildung 12.155: Raindrops Keep Fallin' on My Head: B. J. Thomas

12.122   (358) How do You do

Titel: How do You do
Interpret: Mouth and MacNeal
Veröffentlichung: 1971
Genre: Pop-Rock
Bemerkung: v.a. in Europa ein Hit

Abbildung 12.156: How do You do: Mouth and MacNeal

12.123   (359) Clair

Titel: Clair

Interpret: Gilbert O'Sullivan

Veröffentlichung: 1972

Genre: Pop/Soft-Rock

Abbildung 12.157: Clair: Gilbert O'Sullivan

12.124 (360) A Groovy Kind of Love

Titel: A Groovy Kind of Love

Interpret 1: The Mindbenders

Veröffentlichung 1: 1965

Genre 1: Soul-Pop

Interpret 2: Phil Collins

Veröffentlichung 2: 1988

Genre 2: Pop

Bemerkung: das Original stammt von Diane u. Annita (1965), wurde in den späteren Versionen ein Erfolg

Abbildung 12.158:
A Groovy Kind of Love:
The Mindbenders

Abbildung 12.159:
A Groovy Kind of Love:
Phil Collins

12.125 (361) The Air that I breathe

Titel: The Air that I breathe

Interpret: The Hollies

Veröffentlichung: 1972

Genre: Soft-Rock/Pop

Abbildung 12.160: The Air that I breathe: The Hollies

12.126 (362) Save Your Kisses for Me

Titel: Save Your Kisses for Me

Interpret: Brotherhood of Man

Veröffentlichung: 1976

Genre: Pop/MOR/Schlager

Bemerkung: Beitrag des United Kingdom zum Eurovision Song Contest 1976

Abbildung 12.161: Save Your Kisses for Me: Brotherhood of Man

12.127 (363) Dreams are Ten a Penny

Titel: Dreams are Ten a Penny

Interpret: John Kincade

Veröffentlichung: 1972

Genre: Pop

Abbildung 12.162: Dreams are Ten a Penny: John Kincade

12.128 (364) Everybody Plays the Fool

Titel: Everybody Plays the Fool

Interpret 1: The Main Ingredient

Veröffentlichung 1: 1972

Interpret 2: The Neville Brothers

Veröffentlichung 2: 1991

Genre: Rhythm and Blues/Soul

Abbildung 12.163:
Everybody Plays the Fool:
The Main Ingredient

Abbildung 12.164:
Everybody Plays the Fool:
The Neville Brothers

12.129   (365) Boom Boom

Titel: Boom Boom

Interpret: Mabel

Veröffentlichung: 1978

Genre: Pop/Rock

Bemerkung: dänischer Beitrag zum Eurovision Song Contest 1978

Abbildung 12.165: Boom Boom: Mabel

12.130   (366) La Pulce D'acqua

Titel: La Pulce D'acqua

Interpret: Angelo Branduardi

Veröffentlichung: 1977

Genre: Folk/Pop

Abbildung 12.166: La Pulce D'acqua: Angelo Branduardi

12.131   (367) My Friend the Wind

Titel: My Friend the Wind

Interpret: Demis Roussos

Veröffentlichung: 1973

Genre: Pop/Folk

Abbildung 12.167: My Friend the Wind: Demis Roussos

12.132   (368) Evita: Don't Cry for Me Argentina

Titel: Evita: Don't Cry for Me Argentina

   Komponist: Andrew Lloyd Webber

   Veröffentlichung: 1978

   Genre: Musical/Pop

Abbildung 12.168: Evita: Don't Cry for Me Argentina: Andrew Lloyd Webber

12.133   (369) I Got You ("I Feel Good")

Titel: I Got You ("I Feel Good")

   Interpret: James Brown and The Famous Flames

   Veröffentlichung: 1965

   Genre: Soul/Funk

Abbildung 12.169: I Got You ("I Feel Good"): James Brown and The Famous Flames

12.134   (370) Ha! Ha! Said the Clown

Titel: Ha! Ha! Said the Clown

   Interpret: Manfred Mann

   Veröffentlichung: 1967

   Genre: Psychedelic Pop/Beat

Abbildung 12.170: Ha! Ha! Said the Clown: Manfred Mann

12.135 (371) Mighty Quinn (Quinn the Eskimo)

Titel: Mighty Quinn (Quinn the Eskimo)

Interpret 1: Bob Dylan

Veröffentlichung 1: 1967

Genre 1: Folk-Rock

Interpret 2: Manfred Mann

Veröffentlichung 2: 1968

Genre 2: Pop-Rock

Bemerkung: wurde in der Version von Manfred Mann zum Millionenseller

Abbildung 12.171:
Mighty Quinn (Quinn the Eskimo):
Bob Dylan

Abbildung 12.172:
Mighty Quinn (Quinn the Eskimo):
Manfred Mann

12.136 (372) Pata Pata

Titel: Pata Pata

Interpret: Miriam Makeba

Veröffentlichung: 1967

Genre: Afro-Pop

Bemerkung: fällt auf durch den markanten Rhythmus

Abbildung 12.173: Pata Pata: Miriam Makeba

12.137 (373) Taka Takata

Titel: Taka Takata
  Interpret: Paco Paco
  Veröffentlichung: 1972
  Genre: Chanson/Pop

Abbildung 12.174: Taka Takata: Paco Paco

Kapitel 13

Instrumentalstücke und Pop aus Skandinavien

13.1 (374) Secrets of the Sea

Titel: Secrets of the Sea

Interpret: Lennart Clerwall

Veröffentlichung: unbekannt

Abbildung 13.1: Secrets of the Sea: Lennart Clerwall

13.2 (375) Dream of Glory

Titel: Dream of Glory

Interpret: Lennart Clerwall

Veröffentlichung: unbekannt

Abbildung 13.2: Dream of Glory: Lennart Clerwall

13.3 (376) Romantic Evening

Titel: Romantic Evening

Interpret: Lennart Clerwall

Veröffentlichung: unbekannt

Abbildung 13.3: Romantic Evening: Lennart Clerwall

13.4 (377) Midnight Stars

Titel: Midnight Stars

Interpret: Lennart Clerwall

Veröffentlichung: unbekannt

Abbildung 13.4: Midnight Stars: Lennart Clerwall

13.5 (378) Mexican Bodega

Titel: Mexican Bodega

Interpret: Lennart Clerwall

Veröffentlichung: unbekannt

Abbildung 13.5: Mexican Bodega: Lennart Clerwall

13.6 (379) Låt Sommaren Gunga Dej

Titel: Låt Sommaren Gunga Dej

Interpret: Carina Jaarnek

Veröffentlichung: unbekannt

Abbildung 13.6: Låt Sommaren Gunga Dej: Carina Jaarnek

13.7   (380) Kärleken i Dina Ögon

Titel: Kärleken i Dina Ögon

Interpret: Anders Engbergs

Veröffentlichung: 1998

Abbildung 13.7: Kärleken i Dina Ögon: Anders Engbergs

13.8   (381) Månsken över Ångermanälven

Titel: Månsken över Ångermanälven

Interpret: Karl Grönstedt

Veröffentlichung: unbekannt

Abbildung 13.8: Månsken över Ångermanälven: Karl Grönstedt

13.9   (382) Carina

Titel: Carina

Interpret: Larz-Kristerz

Veröffentlichung: 2009

Bemerkung: Komposition: Christian Antblad, Mats Ymell

Abbildung 13.9: Carina: Larz-Kristerz

Kapitel 14

Rock Music der 1960er und 1970er

14.1 (383) Crocodile Rock

Titel: Crocodile Rock

    Interpret: Elton John

    Veröffentlichung: 1972

    Genre: Rock-'n'-Roll/Pop-Rock

Abbildung 14.1: Crocodile Rock: Elton John

14.2 (384) The Free Electric Band

Titel: The Free Electric Band

    Interpret: Albert Hammond

    Veröffentlichung: 1973

    Genre: Pop-Rock, Soft-Rock

Abbildung 14.2: The Free Electric Band: Albert Hammond

14.3 (385) Rockin' all over the World

Titel: Rockin' all over the World

Interpret 1: John Fogerty

Veröffentlichung 1: 1975

Genre 1: Roots Rock/Rock-'n'-Roll

Interpret 2: Status Quo

Veröffentlichung 2: 1977

Genre 2: Boogie Rock

Bemerkung: wurde zum Hit durch die Version von Status Quo

Abbildung 14.3:
Rockin' all over the World:
John Fogerty

Abbildung 14.4:
Rockin' all over the World:
Status Quo

14.4   (386) All Around My Hat

Titel: All Around My Hat

Interpret 1: traditionell

Veröffentlichung 1: ca.1820

Genre 1: traditionell

Interpret 2: Steeleye Span

Veröffentlichung 2: 1975

Genre 2: Electric Folk

Bemerkung: ursprünglich ein englisches Protestlied von ca. 1820

Abbildung 14.5:
All Around My Hat:
traditionell

Abbildung 14.6:
All Around My Hat:
Steeleye Span

14.5   (387) Boogie with Stu

Titel: Boogie with Stu

Interpret: Led Zeppelin

Veröffentlichung: 1975

Genre: Rock/Rock-'n'-Roll

Abbildung 14.7: Boogie with Stu: Led Zeppelin

14.6   (388) Rock'n'Roll is King

Titel: Rock'n'Roll is King

Interpret: Electric Light Orchestra (ELO)

Veröffentlichung: 1983

Genre: Rock-'n'-Roll/Roots Rock

Abbildung 14.8: Rock'n'Roll is King: Electric Light Orchestra (ELO)

14.7   (389) Hold on tight to Your Dream

Titel: Hold on tight to Your Dream

Interpret: Electric Light Orchestra (ELO)

Veröffentlichung: 1981

Genre: Rock-'n'-Roll/Roots Rock

Abbildung 14.9: Hold on tight to Your Dream: Electric Light Orchestra (ELO)

14.8   (390) All Over The World

Titel: All Over The World

Interpret: Electric Light Orchestra (ELO)

Veröffentlichung: 1980

Genre: Pop-Rock/Disco

Abbildung 14.10: All Over The World: Electric Light Orchestra (ELO)

14.9 (391) Don't Bring Me Down

Titel: Don't Bring Me Down

Interpret: Electric Light Orchestra (ELO)

Veröffentlichung: 1979

Genre: Pop-Rock/Disco

Abbildung 14.11: Don't Bring Me Down: Electric Light Orchestra (ELO)

14.10 (392) Confusion

Titel: Confusion

Interpret: Electric Light Orchestra (ELO)

Veröffentlichung: 1979

Genre: Pop-Rock

Abbildung 14.12: Confusion: Electric Light Orchestra (ELO)

14.11 (393) Telephone Line

Titel: Telephone Line

Interpret: Electric Light Orchestra (ELO)

Veröffentlichung: 1977

Genre: Orchestral Pop/Progressive Pop/Soft Rock

Abbildung 14.13: Telephone Line: Electric Light Orchestra (ELO)

14.12 (394) It's so easy (to fall in Love)

Titel: It's so easy (to fall in Love)

Interpret 1: The Crickets

Veröffentlichung 1: 1958

Genre 1: Rock-'n'-Roll

Interpret 2: Linda Ronstadt

Veröffentlichung 2: 1977

Genre 2: Rock

Bemerkung: wurde in der Version von Linda Ronstadt zum Hit

Abbildung 14.14:
It's so easy (to fall in Love):
The Crickets

Abbildung 14.15:
It's so easy (to fall in Love):
Linda Ronstadt

14.13 (395) The Time Warp

Titel: The Time Warp

Komponist: Richard O'Brien

Veröffentlichung: 1973

Genre: Glam Rock/Rock-'n'-Roll

Bemerkung: aus dem Rock-Musical "The Rocky Horror Picture Show"

Abbildung 14.16: The Time Warp: Richard O'Brien

14.14 (396) Bohemian Rhapsody

Titel: Bohemian Rhapsody

Interpret: Queen

Veröffentlichung: 1975

Genre: Progressive Rock/Progressive Pop/Art Rock

Abbildung 14.17: Bohemian Rhapsody: Queen

14.15 (397) Don't Stop Me Now

Titel: Don't Stop Me Now

Interpret: Queen

Veröffentlichung: 1978

Genre: Pop-Rock/Hard Rock/Power Pop

Abbildung 14.18: Don't Stop Me Now: Queen

14.16 (398) We Are the Champions

Titel: We Are the Champions

Interpret: Queen

Veröffentlichung: 1977

Genre: Rock

Abbildung 14.19: We Are the Champions: Queen

14.17 (399) Love of my Live

Titel: Love of my Live

Interpret: Queen

Veröffentlichung: 1975

Genre: Soft-Rock-Ballade

Abbildung 14.20: Love of my Live: Queen

14.18 (400) Somebody to Love

Titel: Somebody to Love

Interpret: Queen

Veröffentlichung: 1976

Genre: Rock/Gospel

Abbildung 14.21: Somebody to Love: Queen

14.19 (401) Crazy little Thing called Love

Titel: Crazy little Thing called Love

Interpret: Queen

Veröffentlichung: 1979

Genre: Rockabilly/Rock-'n'-Roll

Abbildung 14.22: Crazy little Thing called Love: Queen

14.20   (402) The Words of Love / Las Palabras De Amor

Titel: The Words of Love / Las Palabras De Amor

Interpret: Queen

Veröffentlichung: 1982

Genre: Rock-Ballade

Abbildung 14.23: The Words of Love / Las Palabras De Amor: Queen

14.21   (403) Bicycle Race

Titel: Bicycle Race

Interpret: Queen

Veröffentlichung: 1978

Genre: Rock/Progressive Rock

Abbildung 14.24: Bicycle Race: Queen

14.22   (404) Light My Fire

Titel: Light My Fire

Interpret: The Doors

Veröffentlichung: 1967

Genre: Psychedelic Rock/Baroque Pop/Acid Rock/Jazz Fusion

Bemerkung: erreichte Platz 1 der amerikanischen Singlecharts

Abbildung 14.25: Light My Fire: The Doors

14.23   (405) House of the Rising Sun

Titel: House of the Rising Sun

    Interpret 1: traditionell

    Veröffentlichung 1: ca.1925

    Genre 1: Folk

    Interpret 2: The Animals

    Veröffentlichung 2: 1964

    Genre 2: Folk-Rock

    Bemerkung: wurde zum Millionenseller

Abbildung 14.26:
House of the Rising Sun:
traditionell

Abbildung 14.27:
House of the Rising Sun:
The Animals

14.24   (406) Wild Thing

Titel: Wild Thing

    Interpret: The Troggs

    Veröffentlichung: 1966

    Genre: Garage Rock/Beat/Proto-Punk

    Bemerkung: Millionenseller, zahlreiche Cover-Versionen

Abbildung 14.28: Wild Thing: The Troggs

14.25   (407) (I can't get no) Satisfaction

Titel: (I can't get no) Satisfaction

    Interpret: The Rolling Stones

    Veröffentlichung: 1965

    Genre: Rock

    Bemerkung: Nummer-1-Charterfolg in den USA und weiteren Ländern

Abbildung 14.29: (I can't get no) Satisfaction: The Rolling Stones

14.26 (408) Lady in Black

Titel: Lady in Black

Interpret: Uriah Heep

Veröffentlichung: 1971

Genre: Progressive Rock/Folk-Rock

Bemerkung: Rockballade

Abbildung 14.30: Lady in Black: Uriah Heep

14.27 (409) American Pie

Titel: American Pie

Interpret: Don McLean

Veröffentlichung: 1971

Genre: Folk-Rock

Bemerkung: weltweiter Millionenseller

Abbildung 14.31: American Pie: Don McLean

14.28 (410) Have You ever Seen the Rain

Titel: Have You ever Seen the Rain

Interpret: Creedence Clearwater Revival

Veröffentlichung: 1971

Genre: Roots Rock/Country-Rock/Swamp Rock

Abbildung 14.32: Have You ever Seen the Rain: Creedence Clearwater Revival

14.29   (411) On The Road Again

Titel: On The Road Again

Interpret: Willie Nelson

Veröffentlichung: 1979

Genre: Country-Rock

Bemerkung: wurde für den gleichnamigen Film von 1980 geschrieben

Abbildung 14.33: On The Road Again: Willie Nelson

14.30   (412) A whiter Shade of Pale

Titel: A whiter Shade of Pale

Interpret: Procol Harum

Veröffentlichung: 1967

Genre: Psychedelic Rock/Progressive Rock

Abbildung 14.34: A whiter Shade of Pale: Procol Harum

Kapitel 15

Disco-Sound der späten 1970er und frühen 1980er

15.1 (413) Y.M.C.A.

Titel: Y.M.C.A.

Interpret: Village People

Veröffentlichung: 1978

Genre: Disco

Abbildung 15.1: Y.M.C.A.: Village People

15.2 (414) Born to Be Alive

Titel: Born to Be Alive

Interpret: Patrick Hernandez

Veröffentlichung: 1978

Genre: Disco

Abbildung 15.2: Born to Be Alive: Patrick Hernandez

15.3   (415) Stayin' Alive

Titel: Stayin' Alive

Interpret: The Bee Gees

Veröffentlichung: 1977

Genre: Disco

Bemerkung: Soundtrack zum Film "Saturday Night Fever" (1977)

Abbildung 15.3: Stayin' Alive: The Bee Gees

15.4   (416) Daddy Cool

Titel: Daddy Cool

Interpret: Boney M.

Veröffentlichung: 1976

Genre: Pop/Disco

Bemerkung: wurde später von Boney M. mehrmals neu aufgenommen

Abbildung 15.4: Daddy Cool: Boney M.

15.5   (417) Sorry, I'm a Lady

Titel: Sorry, I'm a Lady

Interpret: Baccara

Veröffentlichung: 1977

Genre: Disco/Pop

Abbildung 15.5: Sorry, I'm a Lady: Baccara

15.6 (418) Copacabana

Titel: Copacabana

Interpret: Barry Manilow

Veröffentlichung: 1978

Genre: Disco/Funk/Samba

Abbildung 15.6: Copacabana: Barry Manilow

15.7 (419) Yes Sir, I Can Boogie

Titel: Yes Sir, I Can Boogie

Interpret: Baccara

Veröffentlichung: 1977

Genre: Eurodisco

Bemerkung: eine der bestverkauften Singles aller Zeiten

Abbildung 15.7: Yes Sir, I Can Boogie: Baccara

15.8 (420) We Are Family

Titel: We Are Family

Interpret: Sister Sledge

Veröffentlichung: 1979

Genre: Disco/Funk/Soul/Contemporary Rhythm and Blues

Bemerkung: einige Cover-Versionen

Abbildung 15.8: We Are Family: Sister Sledge

15.9   (421) Funkytown

Titel: Funkytown

Interpret: Lipps, Inc.

Veröffentlichung: 1980

Genre: Minneapolis Sound/Disco/Funk/Synth-Pop

Bemerkung: einige Cover-Versionen

Abbildung 15.9: Funkytown: Lipps, Inc.

15.10   (422) Gimme! Gimme! Gimme! (A Man After Midnight)

Titel: Gimme! Gimme! Gimme! (A Man After Midnight)

Interpret: ABBA

Veröffentlichung: 1979

Genre: Disco/Pop/Dance-Pop

Bemerkung: einer der größten Hits von ABBA

Abbildung 15.10: Gimme! Gimme! Gimme! (A Man After Midnight): ABBA

15.11   (423) The Hustle

Titel: The Hustle

Interpret: Van McCoy & The Soul City Symphony

Veröffentlichung: 1975

Genre: Disco

Abbildung 15.11: The Hustle: Van McCoy & The Soul City Symphony

15.12 (424) Love Is in the Air

Titel: Love Is in the Air

Interpret: John Paul Young

Veröffentlichung: 1977

Genre: Disco

Bemerkung: internationaler Hit

Abbildung 15.12: Love Is in the Air: John Paul Young

15.13 (425) I Will Survive

Titel: I Will Survive

Interpret: Gloria Gaynor

Veröffentlichung: 1978

Genre: Disco/Pop/Soul

Abbildung 15.13: I Will Survive: Gloria Gaynor

15.14 (426) One Way Ticket

Titel: One Way Ticket

Interpret 1: Neil Sedaka

Veröffentlichung 1: 1959

Genre 1: Pop

Interpret 2: Eruption

Veröffentlichung 2: 1979

Genre 2: Disco

Abbildung 15.14:
One Way Ticket:
Neil Sedaka

Abbildung 15.15:
One Way Ticket:
Eruption

15.15 (427) Celebration

Titel: Celebration

Interpret: Kool & The Gang

Veröffentlichung: 1980

Genre: Post-Disco/Funk

Bemerkung: größter Erfolg der Band

Abbildung 15.16: Celebration: Kool & The Gang

15.16 (428) Ma Baker

Titel: Ma Baker

Interpret: Boney M.

Veröffentlichung: 1977

Genre: Pop/Disco

Bemerkung: einer der größten internationalen Hits der Band

Abbildung 15.17: Ma Baker: Boney M.

15.17 (429) Rasputin

Titel: Rasputin

Interpret: Boney M.

Veröffentlichung: 1978

Genre: Pop/Disco

Bemerkung: besingt das Leben des russischen Wanderpredigers und Geistheilers

Abbildung 15.18: Rasputin: Boney M.

15.18 (430) Gloria

Titel: Gloria

Interpret: Umberto Tozzi

Veröffentlichung: 1979

Genre: Pop/Eurodisco

Bemerkung: auch Cover-Version von Laura Branigan (1982) ist bekannt

Abbildung 15.19: Gloria: Umberto Tozzi

15.19 (431) Hands Up (Give Me Your Heart)

Titel: Hands Up (Give Me Your Heart)

Interpret: Ottawan

Veröffentlichung: 1981

Genre: Eurodisco/Disco

Abbildung 15.20: Hands Up (Give Me Your Heart): Ottawan

15.20 (432) You're My Heart, You're My Soul

Titel: You're My Heart, You're My Soul

Interpret: Modern Talking

Veröffentlichung: 1984

Genre: Synthie-Pop/Eurodisco

Bemerkung: zahlreiche Cover-Versionen

Abbildung 15.21: You're My Heart, You're My Soul: Modern Talking

15.21   (433) Voyage Voyage

Titel: Voyage Voyage

Interpret: Desireless

Veröffentlichung: 1986

Genre: Dance-Pop/Synth-Pop/Hi-NRG ("High Energy")/Synthie-Pop

Abbildung 15.22: Voyage Voyage: Desireless

15.22   (434) Flames Of Love

Titel: Flames Of Love

Interpret: Fancy

Veröffentlichung: 1988

Genre: Dance-Pop/Soul/Electronic

Abbildung 15.23: Flames Of Love: Fancy

15.23   (435) Everlasting Love

Titel: Everlasting Love

Interpret: Sandra

Veröffentlichung: 1988
Genre: Synth-Pop/Eurodisco

Abbildung 15.24: Everlasting Love: Sandra

Kapitel 16

Pop und Rock Music mit Mix der 1980er

16.1 (436) Summer of '69

Titel: Summer of '69

Interpret: Bryan Adams

Veröffentlichung: 1985

Genre: Rock/Pop-Rock

Abbildung 16.1: Summer of '69: Bryan Adams

16.2 (437) 1980-F

Titel: 1980-F

Interpret: After The Fire

Veröffentlichung: 1980

Genre: Instrumentalstück Progressive Rock/New Wave

Bemerkung: bekannt durch die Titelmusik der TV-Show "Na sowas!"

Abbildung 16.2: 1980-F: After The Fire

16.3 (438) Centerfold

Titel: Centerfold

Interpret: J. Geils Band

Veröffentlichung: 1981

Genre: New Wave/Power Pop/Pop-Rock/Synth-Rock

Abbildung 16.3: Centerfold: J. Geils Band

16.4 (439) Hard to Say I'm Sorry

Titel: Hard to Say I'm Sorry

Interpret: Chicago

Veröffentlichung: 1982

Genre: Soft Rock

Abbildung 16.4: Hard to Say I'm Sorry: Chicago

16.5 (440) You drive Me crazy

Titel: You drive Me crazy

Interpret: Shakin' Stevens

Veröffentlichung: 1981

Genre: Rock-'n'-Roll

Abbildung 16.5: You drive Me crazy: Shakin' Stevens

16.6 (441) Words don't come easy

Titel: Words don't come easy

Interpret: F.R. David

Veröffentlichung: 1981

Genre: Synth-Pop

Abbildung 16.6: Words don't come easy: F.R. David

16.7 (442) Some Girls

Titel: Some Girls

Interpret: Racey

Veröffentlichung: 1979

Genre: Glam Rock (auch Glamour-Rock bzw. Glitter Rock)

Abbildung 16.7: Some Girls: Racey

16.8 (443) What a Feeling / Flashdance

Titel: What a Feeling / Flashdance

Interpret: Irene Cara

Veröffentlichung: 1983

Genre: Pop/Dance-Pop/Disco

Bemerkung: bekannt durch den Film "Flashdance" (1983)

Abbildung 16.8: What a Feeling / Flashdance: Irene Cara

16.9 (444) You Win Again

Titel: You Win Again

Interpret: The Bee Gees

Veröffentlichung: 1987

Genre: Pop-Rock

Abbildung 16.9: You Win Again: The Bee Gees

16.10 (445) Girls just want to have Fun

Titel: Girls just want to have Fun

Interpret: Cyndi Lauper

Veröffentlichung: 1983

Genre: New Wave/Pop/Bubblegum Pop

Abbildung 16.10: Girls just want to have Fun: Cyndi Lauper

16.11 (446) Time After Time

Titel: Time After Time

Interpret: Cyndi Lauper

Veröffentlichung: 1983

Genre: Pop/New Wave/Soft-Rock

Abbildung 16.11: Time After Time: Cyndi Lauper

16.12   (447) Karma Chameleon

Titel: Karma Chameleon

Interpret: Boy George and Culture Club

Veröffentlichung: 1983

Genre: New Wave/Country/Soul

Abbildung 16.12: Karma Chameleon: Boy George and Culture Club

16.13   (448) Moonlight Shadow

Titel: Moonlight Shadow

Interpret: Mike Oldfield u. Maggie Reilly

Veröffentlichung: 1983

Genre: Pop-Rock/Europop

Abbildung 16.13: Moonlight Shadow: Mike Oldfield u. Maggie Reilly

16.14   (449) The Riddle

Titel: The Riddle

Interpret: Nik Kershaw

Veröffentlichung: 1984

Genre: New Wave/Pop-Rock

Abbildung 16.14: The Riddle: Nik Kershaw

16.15 (450) I Could easily Fall in Love with You

Titel: I Could easily Fall in Love with You

Interpret: Cliff Richard and The Shadows

Veröffentlichung: 1964

Genre: Pop-Rock/Rock-'n'-Roll

Abbildung 16.15: I Could easily Fall in Love with You: Cliff Richard and The Shadows

16.16 (451) Manic Monday

Titel: Manic Monday

Interpret: The Bangles

Veröffentlichung: 1985

Genre: Pop-Rock

Abbildung 16.16: Manic Monday: The Bangles

16.17 (452) Comment ça va

Titel: Comment ça va

Interpret: The Shorts

Veröffentlichung: 1983

Genre: Pop

Bemerkung: zweisprachiges Lied: Niederländisch und Französisch

Abbildung 16.17: Comment ça va: The Shorts

16.18 (453) Sunshine Reggae

Titel: Sunshine Reggae

Interpret: Laid Back

Veröffentlichung: 1982

Genre: Reggae

Abbildung 16.18: Sunshine Reggae: Laid Back

16.19 (454) Wake Me up before You Go-go

Titel: Wake Me up before You Go-go

Interpret: Wham

Veröffentlichung: 1984

Genre: Synthie-Pop/Dance-Pop/Bubblegum-Pop

Bemerkung: erster internationaler Nummer-Eins-Hit der Band

Abbildung 16.19: Wake Me up before You Go-go: Wham

16.20 (455) Everything I Own

Titel: Everything I Own

Interpret 1: Bread

Veröffentlichung 1: 1972

Genre 1: Soft Rock/Easy Listening/Pop

Interpret 2: Boy George

Veröffentlichung 2: 1987

Genre 2: Reggae

Bemerkung: zahlreiche Cover-Versionen

Abbildung 16.20:
Everything I Own:
Bread

Abbildung 16.21:
Everything I Own:
Boy George

16.21 (456) Break My Stride

Titel: Break My Stride

Interpret 1: Matthew Wilder

Veröffentlichung 1: 1983

Genre 1: Synth-Pop/Pop-Rock/Reggae

Interpret 2: Unique II

Veröffentlichung 2: 1996

Genre 2: Dance/Reggae

Abbildung 16.22:
Break My Stride:
Matthew Wilder

Abbildung 16.23:
Break My Stride:
Unique II

16.22 (457) I Wanna Dance with Somebody

Titel: I Wanna Dance with Somebody

Interpret: Whitney Houston

Veröffentlichung: 1987

Genre: Contemporary Rhythm und Blues/Dance-Pop/Soul

Bemerkung: gleichnamiger Spielfilm von 2022 (Filmbiografie von Whitney Houston)

Abbildung 16.24: I Wanna Dance with Somebody: Whitney Houston

16.23 (458) One Moment in Time

Titel: One Moment in Time

Interpret: Whitney Houston

Veröffentlichung: 1988

Genre: Rhythm and Blues/Pop/Soul/Gospel

Abbildung 16.25: One Moment in Time: Whitney Houston

16.24 (459) Looking for Freedom

Titel: Looking for Freedom

Interpret 1: Marc Seaberg

Veröffentlichung 1: 1978

Genre 1: Pop/Soft Rock

Interpret 2: David Hasselhoff

Veröffentlichung 2: 1988

Genre 2: Pop-Rock

Bemerkung: wurde nach der Wende in der Version von David Hasselhoff zum Nummer-Eins-Hit im deutschen Sprachraum

Abbildung 16.26:
Looking for Freedom:
Marc Seaberg

Abbildung 16.27:
Looking for Freedom:
David Hasselhoff

16.25 (460) Baker Street

Titel: Baker Street

Interpret 1: Gerry Rafferty

Veröffentlichung 1: 1978

Genre 1: Rock/Jazz-Rock/Soft-Rock

Interpret 2: Undercover

Veröffentlichung 2: 1992

Genre 2: Rave

Abbildung 16.28:
Baker Street:
Gerry Rafferty

Abbildung 16.29:Baker Street:Undercover

16.26 (461) Maid of Orleans

Titel: Maid of Orleans

Interpret: Orchestral Manoeuvres in the Dark (OMD)

Veröffentlichung: 1982

Genre: New Wave/Synth-Pop

Bemerkung: Anspielung auf Jeanne d'Arc

Abbildung 16.30: Maid of Orleans: Orchestral Manoeuvres in the Dark (OMD)

16.27 (462) Enola Gay

Titel: Enola Gay

Interpret: Orchestral Manoeuvres in the Dark (OMD)

Veröffentlichung: 1980

Genre: New Wave/Synth-Pop

Abbildung 16.31: Enola Gay: Orchestral Manoeuvres in the Dark (OMD)

16.28 (463) Sultans of Swing

Titel: Sultans of Swing

Interpret 1: Dire Straits

Veröffentlichung 1: 1978

Interpret 2: Mark Knopfler

Veröffentlichung 2: 1978

Genre: Pub Rock/Roots Rock/Blues-Rock

Abbildung 16.32:
Sultans of Swing:
Dire Straits

Abbildung 16.33:
Sultans of Swing:
Mark Knopfler

16.29   (464) Walk of Life

Titel: Walk of Life

Interpret: Dire Straits

Veröffentlichung: 1986

Genre: Rock-'n'-Roll/Pop-Rock

Abbildung 16.34: Walk of Life: Dire Straits

16.30   (465) When a Man Loves a Woman

Titel: When a Man Loves a Woman

Interpret 1: Percy Sledge

Veröffentlichung 1: 1966

Genre 1: Soul/Southern Soul

Interpret 2: Michael Bolton

Veröffentlichung 2: 1991

Genre 2: Rhythm and Blues

Abbildung 16.35:
When a Man Loves a Woman:
Percy Sledge

Abbildung 16.36:
When a Man Loves a Woman:
Michael Bolton

16.31   (466) One More Night

Titel: One More Night
    Interpret: Phil Collins
    Veröffentlichung: 1985
    Genre: Soft Rock/Pop

Abbildung 16.37: One More Night: Phil Collins

16.32   (467) In the Air Tonight

Titel: In the Air Tonight
    Interpret: Phil Collins
    Veröffentlichung: 1981
    Genre: Pop-Rock/Soft-Rock
    Bemerkung: weltweiter Millionenseller

Abbildung 16.38: In the Air Tonight: Phil Collins

16.33   (468) Hold Me Now

Titel: Hold Me Now
    Interpret: Johnny Logan
    Veröffentlichung: 1987
    Genre: Pop

Abbildung 16.39: Hold Me Now: Johnny Logan

16.34 (469) Together Forever

Titel: Together Forever

    Interpret: Rick Astley

    Veröffentlichung: 1987

    Genre: Dance-Pop

Abbildung 16.40: Together Forever: Rick Astley

16.35 (470) Right Here Waiting

Titel: Right Here Waiting

    Interpret: Richard Marx

    Veröffentlichung: 1989

    Genre: Soft Rock

Abbildung 16.41: Right Here Waiting: Richard Marx

16.36 (471) Memory

Titel: Memory

    Interpret: Andrew Lloyd Webber

    Veröffentlichung: 1981

    Genre: Pop/Show Tune

    Bemerkung: das wohl bekannteste Lied aus dem Musical "Cats"

Abbildung 16.42: Memory: Andrew Lloyd Webber

16.37 (472) Stimmen im Wind

Titel: Stimmen im Wind

Interpret: Juliane Werding

Veröffentlichung: 1986

Genre: Pop/Schlager

Abbildung 16.43: Stimmen im Wind: Juliane Werding

16.38 (473) Wonderful Tonight

Titel: Wonderful Tonight

Interpret: Eric Clapton

Veröffentlichung: 1977

Genre: Pop/Soft Rock

Abbildung 16.44: Wonderful Tonight: Eric Clapton

16.39 (474) Tears in Heaven

Titel: Tears in Heaven

Interpret: Eric Clapton

Veröffentlichung: 1992

Genre: Soft-Rock-Ballade

Bemerkung: Filmmusik-Auftragskomposition für den Soundtrack des Films "Rush" von 1992

Abbildung 16.45: Tears in Heaven: Eric Clapton

16.40　(475) You are so Beautiful

Titel: You are so Beautiful

Interpret: Joe Cocker

Veröffentlichung: 1975

Genre: Pop/Blue-eyed Soul/Soft-Rock

Bemerkung: Interpreation mit Luciano Pavarotti

Abbildung 16.46: You are so Beautiful: Joe Cocker

16.41　(476) All by Myself

Titel: All by Myself

Interpret: Eric Carmen

Veröffentlichung: 1975

Genre: Soft-Rock

Bemerkung: verwendet ein Thema aus dem 2. Satz des Klavierkonzerts Nr. 2 von Sergei Rachmaninow

Abbildung 16.47: All by Myself: Eric Carmen

16.42　(477) The Lady in Red

Titel: The Lady in Red

Interpret: Chris de Burgh

Veröffentlichung: 1986

Genre: Soft Rock

Abbildung 16.48: The Lady in Red: Chris de Burgh

16.43 (478) Can You feel the Love tonight

Titel: Can You feel the Love tonight

Interpret: Elton John

Veröffentlichung: 1994

Genre: Pop

Bemerkung: bekannt durch den Film "Der König der Löwen" (1994)

Abbildung 16.49: Can You feel the Love tonight: Elton John

16.44 (479) The Never Ending Story

Titel: The Never Ending Story

Interpret: Limahl

Veröffentlichung: 1984

Genre: Synth-Pop/New Wave

Bemerkung: bekannt durch den Film "Die unendliche Geschichte" (1984)

Abbildung 16.50: The Never Ending Story: Limahl

16.45 (480) Why Worry

Titel: Why Worry

Interpret 1: Dire Straits

Veröffentlichung 1: 1985

Interpret 2: Mark Knopfler u. Emmylou Harris

Veröffentlichung 2: 1988

Genre: Soft Rock ("Everly Brothers Style")

Abbildung 16.52:
Why Worry:
Abbildung 16.51:Why Worry:Dire Straits   Mark Knopfler u. Emmylou Harris

16.46   (481) From a Distance

Titel: From a Distance

Interpret 1: Nanci Griffith

Veröffentlichung 1: 1988

Genre 1: Country

Interpret 2: Bette Midler

Veröffentlichung 2: 1990

Genre 2: Pop

Abbildung 16.53:
From a Distance:
Nanci Griffith

Abbildung 16.54:
From a Distance:
Bette Midler

16.47   (482) The Power of Love

Titel: The Power of Love

Interpret 1: Jennifer Rush

Veröffentlichung 1: 1984

Interpret 2: Céline Dion

Veröffentlichung 2: 1993

Genre: Pop

Bemerkung: etliche Cover

Abbildung 16.55:
The Power of Love:
Jennifer Rush

Abbildung 16.56:
The Power of Love:
Céline Dion

16.48   (483) Heal the World

Titel: Heal the World

    Interpret: Michael Jackson

    Veröffentlichung: 1991

    Genre: Pop-Ballade

Abbildung 16.57: Heal the World: Michael Jackson

16.49   (484) Perhaps Love

Titel: Perhaps Love

    Interpret 1: John Denver u. Plácido Domingo

    Veröffentlichung 1: 1981

    Interpret 2: Trumpet Cover

    Veröffentlichung 2: 2016

    Genre: Pop-Opera-Crossover

Abbildung 16.58:
Perhaps Love:
John Denver u. Plácido Domingo

Abbildung 16.59:
Perhaps Love:
Trumpet Cover

16.50   (485) I just Called to Say I Love You

Titel: I just Called to Say I Love You

    Interpret: Stevie Wonder

Veröffentlichung: 1984

Genre: Rhythm and Blues

Abbildung 16.60: I just Called to Say I Love You: Stevie Wonder

16.51 (486) Amsterdam (Liebe hat total versagt)

Titel: Amsterdam (Liebe hat total versagt)

Interpret: Cora

Veröffentlichung: 1984

Genre: Neue Deutsche Welle

Bemerkung: Hit in den Airplaycharts, ursprünglich für Juliane Werding geschrieben

Abbildung 16.61: Amsterdam (Liebe hat total versagt): Cora

16.52 (487) Vogel der Nacht

Titel: Vogel der Nacht

Interpret: Stephan Remmler

Veröffentlichung: 1986

Genre: Schlager mit markanter Percussion

Abbildung 16.62: Vogel der Nacht: Stephan Remmler

16.53 (488) Keine Sterne in Athen

Titel: Keine Sterne in Athen

Interpret: Stephan Remmler

Veröffentlichung: 1986
Genre: Neue Deutsche Welle

Abbildung 16.63: Keine Sterne in Athen: Stephan Remmler

Kapitel 17

Rock Music der 1980er

17.1 (489) Africa

Titel: Africa

Interpret: Toto

Veröffentlichung: 1982

Genre: Pop/Synth-Pop/Soft-Rock/Yacht-Rock

Bemerkung: Yacht Rock = Soul, Jazz, Funk mit mehrstimmigem Vokalsatz

Abbildung 17.1: Africa: Toto

17.2 (490) Down Under

Titel: Down Under

Interpret: Men at Work

Veröffentlichung: 1981

Genre: New Wave/Pop-Rock/Pub-Rock/Reggae

Abbildung 17.2: Down Under: Men at Work

17.3   (491) Start Me Up

Titel: Start Me Up

Interpret: The Rolling Stones

Veröffentlichung: 1981

Genre: Rock/Hard Rock

Bemerkung: wieder bekannt durch die Werbung für das Betriebssystem Windows 95

Abbildung 17.3: Start Me Up: The Rolling Stones

17.4   (492) Jump

Titel: Jump

Interpret: Van Halen

Veröffentlichung: 1983/1993

Genre: Pop-Metal/Synth-Rock/Pop-Rock/Hard Rock

Abbildung 17.4: Jump: Van Halen

17.5   (493) The Final Countdown

Titel: The Final Countdown

Interpret: Europe

Veröffentlichung: 1986

Genre: Glam Metal/Hard Rock/Symphonic Rock

Abbildung 17.5: The Final Countdown: Europe

17.6 (494) Solsbury Hill

Titel: Solsbury Hill

Interpret: Peter Gabriel

Veröffentlichung: 1977

Genre: Pop-Rock/Folk-Pop/Progressive Pop

Abbildung 17.6: Solsbury Hill: Peter Gabriel

17.7 (495) Music (... was my first Love)

Titel: Music (... was my first Love)

Interpret: John Miles

Veröffentlichung: 1976

Genre: Progressive Rock

Abbildung 17.7: Music (... was my first Love): John Miles

17.8 (496) Our House

Titel: Our House

Interpret: Madness

Veröffentlichung: 1982

Genre: Pop/Ska (Rocksteady and Reggae)/New Wave

Abbildung 17.8: Our House: Madness

17.9 (497) I Want to Break Free

Titel: I Want to Break Free

Interpret: Queen

Veröffentlichung: 1984

Genre: Synth-Pop/Pop-Rock

Bemerkung: kein Hit in den USA, aber in einigen europäischen Ländern

Abbildung 17.9: I Want to Break Free: Queen

17.10 (498) Radio Ga Ga

Titel: Radio Ga Ga

Interpret: Queen

Veröffentlichung: 1984

Genre: Synth Pop/Stadium Rock/Pop-Rock

Abbildung 17.10: Radio Ga Ga: Queen

17.11 (499) A Kind of Magic

Titel: A Kind of Magic

Interpret: Queen

Veröffentlichung: 1986

Genre: Rock/Dance-Rock

Bemerkung: in Deutschland 22 Wochen lang in den Charts

Abbildung 17.11: A Kind of Magic: Queen

17.12 (500) Alt wie ein Baum

Titel: Alt wie ein Baum

Interpret: Puhdys

Veröffentlichung: 1976

Genre: Deutschrock

Bemerkung: die Puhdys zählen zu den bekanntesten Rockbands der DDR

Abbildung 17.12: Alt wie ein Baum: Puhdys

17.13 (501) Wenn ein Mensch lebt

Titel: Wenn ein Mensch lebt

Interpret: Puhdys

Veröffentlichung: 1973

Genre: Rock

Bemerkung: wurde wurde durch den DEFA-Film "Die Legende von Paul und Paula" (1973) bekannt

Abbildung 17.13: Wenn ein Mensch lebt: Puhdys

17.14 (502) Verdamp lang her

Titel: Verdamp lang her

Interpret: BAP

Veröffentlichung: 1981

Genre: Kölsch-Rock

Bemerkung: erster überregionaler Hit der Band "BAP" um Wolfgang Niedecken

Abbildung 17.14: Verdamp lang her: BAP

17.15　(503) Der Kommissar

Titel: Der Kommissar

Interpret: Falco

Veröffentlichung: 1981

Genre: Pop-Rap

Bemerkung: gilt als der erste kommerziell erfolgreiche Rapsong eines Weißen

Abbildung 17.15: Der Kommissar: Falco

17.16　(504) Rock me Amadeus

Titel: Rock me Amadeus

Interpret: Falco

Veröffentlichung: 1985

Genre: Pop-Rap/Neue Deutsche Welle

Bemerkung: das erste und bislang einzige dt. Lied, das sowohl in den US-amerikan. ''Billboard Hot 100'' als auch in den brit. Singlecharts die Chartspitze erreichen konnte

Abbildung 17.16: Rock me Amadeus: Falco

Kapitel 18

Elektronische Musik und New Age

18.1 (505) Popcorn

Titel: Popcorn

Interpret 1: Gershon Kingsley

Veröffentlichung 1: 1969

Genre 1: Urversion am Klavier

Interpret 2: Hot Butter

Veröffentlichung 2: 1971

Genre 2: Synth-Pop

Abbildung 18.1:
Popcorn:
Gershon Kingsley

Abbildung 18.2:Popcorn:Hot Butter

18.2 (506) Autobahn

Titel: Autobahn

Interpret: Kraftwerk

Veröffentlichung: 1974

Genre: Meilenstein der elektronischen Popmusik

Abbildung 18.3: Autobahn: Kraftwerk

18.3   (507) Tubular Bells

Titel: Tubular Bells

Interpret: Mike Oldfield

Veröffentlichung: 1973

Genre: Progressive Rock/Instrumental Rock

Abbildung 18.4: Tubular Bells: Mike Oldfield

18.4   (508) The Bell

Titel: The Bell

Interpret: Mike Oldfield

Veröffentlichung: 1992

Genre: New Age/Progressive Rock

Abbildung 18.5: The Bell: Mike Oldfield

18.5   (509) Aurora

Titel: Aurora

Interpret: Nova

Veröffentlichung: 1982

Abbildung 18.6: Aurora: Nova

18.6   (510) Forth Rendez-Vous

Titel: Forth Rendez-Vous

Interpret: Jean-Michel Jarre

Veröffentlichung: 1986

Genre: Instrumental Electronica

Abbildung 18.7: Forth Rendez-Vous: Jean-Michel Jarre

18.7   (511) Oxygène IV

Titel: Oxygène IV

Interpret: Jean-Michel Jarre

Veröffentlichung: 1976

Genre: Electronica/New Age/Ambient/Pop

Abbildung 18.8: Oxygène IV: Jean-Michel Jarre

18.8   (512) Magic Fly

Titel: Magic Fly

Interpret: Space

Veröffentlichung: 1977

Genre: Disco/Electro/Synthpop/Experimental

Abbildung 18.9: Magic Fly: Space

18.9 (513) Crockett's Theme

Titel: Crockett's Theme

Interpret: Jan Hammer

Veröffentlichung: 1986

Genre: Instrumental New Age/Soft-Rock/Chillout

Bemerkung: bekannt durch die Serie "Miami Vice"

Abbildung 18.10: Crockett's Theme: Jan Hammer

18.10 (514) It's five O'Clock

Titel: It's five O'Clock

Interpret: Aphrodite's Child

Veröffentlichung: 1969

Genre: Soft Rock/Progressive Rock/Psychedelic Rock

Abbildung 18.11: It's five O'Clock: Aphrodite's Child

18.11 (515) Lucifer

Titel: Lucifer

Interpret: Alan Parsons Project

Veröffentlichung: 1979

Genre: Progressive Rock/Synth-Pop

Bemerkung: nur in Deutschland und Österreich erfolgreiches Instrumentalstück

Abbildung 18.12: Lucifer: Alan Parsons Project

18.12   (516) Hymn

Titel: Hymn

Interpret: Vangelis

Veröffentlichung: 1986

Abbildung 18.13: Hymn: Vangelis

18.13   (517) Chariots of Fire

Titel: Chariots of Fire

Interpret: Vangelis

Veröffentlichung: 1981

Genre: Electronic/Symphonic/Film Score

Bemerkung: gleichnamiger Film von 1981 bzw. dt. Titel "Die Stunde des Siegers", zahlreiche Cover-Versionen

Abbildung 18.14: Chariots of Fire: Vangelis

18.14   (518) I'll Find my Way Home

Titel: I'll Find my Way Home

Interpret: Vangelis und Jon Anderson

Veröffentlichung: 1981

Genre: Progressive Pop/Synth-Pop

Abbildung 18.15: I'll Find my Way Home: Vangelis und Jon Anderson

18.15   (519) To the unknown Man

Titel: To the unknown Man
  Interpret: Vangelis
  Veröffentlichung: 1982
  Genre: Electronica

Abbildung 18.16: To the unknown Man: Vangelis

18.16   (520) Conquest of Paradise

Titel: Conquest of Paradise
  Interpret: Vangelis
  Veröffentlichung: 1992
  Bemerkung: bekannt durch den gleichnamigen Film von 1992 und als Einmarschlied des Boxers Henry Maske

Abbildung 18.17: Conquest of Paradise: Vangelis

18.17   (521) Adiemus

Titel: Adiemus
  Komponist: Karl Jenkins
  Veröffentlichung: 1994
  Genre: Electronic Music/New Age
  Bemerkung: beliebt für Cover-Versionen von Chören mit Orchester

Abbildung 18.18: Adiemus: Karl Jenkins

18.18   (522) Book of Days

Titel: Book of Days

Interpret: Enya

Veröffentlichung: 1992

Bemerkung: Album "Shepherd Moons"

Abbildung 18.19: Book of Days: Enya

18.19   (523) Caribbean Blue

Titel: Caribbean Blue

Interpret: Enya

Veröffentlichung: 1992

Bemerkung: Album "Shepherd Moons"

Abbildung 18.20: Caribbean Blue: Enya

18.20   (524) Anywhere Is

Titel: Anywhere Is

Interpret: Enya

Veröffentlichung: 1995

Bemerkung: Album "The Memory of Trees"

Abbildung 18.21: Anywhere Is: Enya

18.21   (525) Only Time

Titel: Only Time

    Interpret: Enya

    Veröffentlichung: 2000

    Bemerkung: Album "A Day Without Rain"

Abbildung 18.22: Only Time: Enya

18.22   (526) Orinoco Flow

Titel: Orinoco Flow

    Interpret: Enya

    Veröffentlichung: 1988

    Bemerkung: Album "Watermark"

Abbildung 18.23: Orinoco Flow: Enya

18.23   (527) Flora's Secret

Titel: Flora's Secret

    Interpret: Enya

    Veröffentlichung: 2000

    Bemerkung: Album "A Day Without Rain"

Abbildung 18.24: Flora's Secret: Enya

18.24 (528) On My Way Home

Titel: On My Way Home

Interpret: Enya

Veröffentlichung: 1995

Bemerkung: Album "The Memory of Trees"

Abbildung 18.25: On My Way Home: Enya

18.25 (529) A Day Without Rain

Titel: A Day Without Rain

Interpret: Enya

Veröffentlichung: 2000

Bemerkung: Album "A Day Without Rain"

Abbildung 18.26: A Day Without Rain: Enya

18.26 (530) Long Long Journey

Titel: Long Long Journey

Interpret: Enya

Veröffentlichung: 2005

Bemerkung: Album "Amarantine"

Abbildung 18.27: Long Long Journey: Enya

18.27 (531) The River Sings

Titel: The River Sings

Interpret: Enya

Veröffentlichung: 2005

Bemerkung: Album "Amarantine"

Abbildung 18.28: The River Sings: Enya

18.28 (532) China Roses

Titel: China Roses

Interpret: Enya

Veröffentlichung: 1995

Bemerkung: Album "The Memory of Trees"

Abbildung 18.29: China Roses: Enya

18.29 (533) Watermark

Titel: Watermark

Interpret: Enya

Veröffentlichung: 1988

Bemerkung: Album "Watermark"

Abbildung 18.30: Watermark: Enya

18.30   (534) Storms in Africa

Titel: Storms in Africa

Interpret: Enya

Veröffentlichung: 1989

Bemerkung: Album "Watermark"

Abbildung 18.31: Storms in Africa: Enya

18.31   (535) Amarantine

Titel: Amarantine

Interpret: Enya

Veröffentlichung: 2005

Bemerkung: Album "Amarantine"

Abbildung 18.32: Amarantine: Enya

18.32   (536) The Humming

Titel: The Humming

Interpret: Enya

Veröffentlichung: 2015

Bemerkung: Album "Dark Sky Island"

Abbildung 18.33: The Humming: Enya

18.33 (537) Song of The Sandman

Titel: Song of The Sandman
  Interpret: Enya
  Veröffentlichung: 2002
  Bemerkung: Album "Wild Child"

Abbildung 18.34: Song of The Sandman: Enya

18.34 (538) The Magic of the Night

Titel: The Magic of the Night
  Interpret: Enya
  Veröffentlichung: 2006
  Bemerkung: Album "Christmas Secrets"

Abbildung 18.35: The Magic of the Night: Enya

18.35 (539) White is in The Winter Night

Titel: White is in The Winter Night
  Interpret: Enya
  Veröffentlichung: 2008
  Bemerkung: Album "And Winter came ..."

Abbildung 18.36: White is in The Winter Night: Enya

Kapitel 19

Pop Music mit Mix der 1980er und 1990er

19.1   (540) Forever Young

Titel: Forever Young

   Interpret: Alphaville

   Veröffentlichung: 1984

   Genre: Synth-Pop/New Wave

Abbildung 19.1: Forever Young: Alphaville

19.2   (541) Take On Me

Titel: Take On Me

   Interpret: a-ha

   Veröffentlichung: 1984

   Genre: Synthie-Pop/New Wave

Abbildung 19.2: Take On Me: a-ha

19.3 (542) I like Chopin

Titel: I like Chopin

Interpret: Gazebo

Veröffentlichung: 1983

Genre: Italo Disco/Synthie-Pop

Bemerkung: erreichte in verschiedenen europäischen Charts Platz 1

Abbildung 19.3: I like Chopin: Gazebo

19.4 (543) Never Gonna Give You Up

Titel: Never Gonna Give You Up

Interpret: Rick Astley

Veröffentlichung: 1987

Genre: Dance-Pop/Synth-Pop/Blue-eyed Soul

Abbildung 19.4: Never Gonna Give You Up: Rick Astley

19.5 (544) Don't Worry, Be Happy

Titel: Don't Worry, Be Happy

Interpret: Bobby McFerrin

Veröffentlichung: 1988

Genre: Jazz/A cappella/Calypso

Bemerkung: Titel nach den Worten des indischen Gurus Meher Baba

Abbildung 19.5: Don't Worry, Be Happy: Bobby McFerrin

19.6 (545) The Time of my Life

Titel: The Time of my Life
  Interpret: Bill Medley u. Jennifer Warnes
  Veröffentlichung: 1987
  Genre: Pop-Rock/Soft-Rock
  Bemerkung: bekannt durch den Film "Dirty Dancing" (1987)

Abbildung 19.6: The Time of my Life: Bill Medley u. Jennifer Warnes

19.7 (546) So lang' man Träume noch leben kann

Titel: So lang' man Träume noch leben kann
  Interpret: Münchener Freiheit
  Veröffentlichung: 1987
  Genre: Pop-Rock
  Bemerkung: Aufnahme mit dem London Symphony Orchestra

Abbildung 19.7: So lang' man Träume noch leben kann: Münchener Freiheit

19.8 (547) Ohne Dich (schlaf' ich heut Nacht nicht ein)

Titel: Ohne Dich (schlaf' ich heut Nacht nicht ein)
  Interpret: Münchener Freiheit
  Veröffentlichung: 1985
  Genre: Pop-Rock
  Bemerkung: Nummer-Eins-Hit in den deutschsprachigen Ländern

Abbildung 19.8: Ohne Dich (schlaf' ich heut Nacht nicht ein): Münchener Freiheit

19.9 (548) The Best

Titel: The Best
  Interpret 1: Bonnie Tyler
  Veröffentlichung 1: 1988
  Interpret 2: Tina Turner
  Veröffentlichung 2: 1989
  Genre: Pop-Rock
  Bemerkung: wurde in der Version von Tina Turner zu einem Welterfolg

Abbildung 19.9:The Best:Bonnie Tyler   Abbildung 19.10:The Best:Tina Turner

19.10 (549) Right Here Waiting

Titel: Right Here Waiting
  Interpret: Richard Marx
  Veröffentlichung: 1989
  Genre: Soft Rock

Abbildung 19.11: Right Here Waiting: Richard Marx

19.11 (550) Wind of Change

Titel: Wind of Change
  Interpret: Scorpions
  Veröffentlichung: 1990
  Genre: Glam Metal/Rock-Ballade
  Bemerkung: deutsche "Hymne der Wende", erfolgreichste Single aus dt. Produktion

Abbildung 19.12: Wind of Change: Scorpions

19.12 (551) (Everything I Do) I Do it for You

Titel: (Everything I Do) I Do it for You

Interpret: Bryan Adams

Veröffentlichung: 1991

Genre: Rockballade

Abbildung 19.13: (Everything I Do) I Do it for You: Bryan Adams

19.13 (552) Mann im Mond

Titel: Mann im Mond

Interpret: Die Prinzen

Veröffentlichung: 1991

Genre: A cappella/Pop-Rock

Bemerkung: die Band erzielte nach der Wende die größten Erfolge

Abbildung 19.14: Mann im Mond: Die Prinzen

19.14 (553) Alles nur geklaut

Titel: Alles nur geklaut

Interpret: Die Prinzen

Veröffentlichung: 1993

Genre: A cappella/Pop-Rock

Abbildung 19.15: Alles nur geklaut: Die Prinzen

19.15 (554) Aloha Heja He

Titel: Aloha Heja He

Interpret: Achim Reichel

Veröffentlichung: 1991

Genre: Pop-Rock/Deutschrock

Bemerkung: wurde zum Sommerhit in den 90ern

Abbildung 19.16: Aloha Heja He: Achim Reichel

19.16 (555) I Will Always Love You

Titel: I Will Always Love You

Interpret 1: Dolly Parton

Veröffentlichung 1: 1974

Genre 1: Country/Pop

Interpret 2: Whitney Houston

Veröffentlichung 2: 1992

Genre 2: Pop/Soul/Rhythm and Blues

Bemerkung: wurde durch die Version von Whitney Houston zum Welthit

Abbildung 19.17:
I Will Always Love You:
Dolly Parton

Abbildung 19.18:
I Will Always Love You:
Whitney Houston

19.17 (556) Heaven is a Place on Earth

Titel: Heaven is a Place on Earth

Interpret: Belinda Carlisle

Veröffentlichung: 1987

Genre: Power Pop/Pop-Rock/Synth-Rock

Bemerkung: bekanntestes Lied der Interpretin

Abbildung 19.19: Heaven is a Place on Earth: Belinda Carlisle

19.18 (557) It Must Have Been Love

Titel: It Must Have Been Love

Interpret: Roxette

Veröffentlichung: 1987

Genre: Soft Rock

Bemerkung: erst 1990 ein internationaler Musikhit in der Filmkomödie "Pretty Woman"

Abbildung 19.20: It Must Have Been Love: Roxette

19.19 (558) Joyride

Titel: Joyride

Interpret: Roxette

Veröffentlichung: 1991

Genre: Pop/Pop-Rock

Abbildung 19.21: Joyride: Roxette

19.20 (559) Learning to Fly

Titel: Learning to Fly

Interpret: Tom Petty and The Heartbreakers

Veröffentlichung: 1991

Genre: Heartland Rock/Country-Rock/Jangle Pop (arpeggierte Gitarre)

Abbildung 19.22: Learning to Fly: Tom Petty and The Heartbreakers

19.21 (560) Go West

Titel: Go West

> Interpret 1: Village People
>
> Veröffentlichung 1: 1979
>
> Genre 1: Disco
>
> Interpret 2: Pet Shop Boys
>
> Veröffentlichung 2: 1993
>
> Genre 2: Synth-Pop/Dance-Pop/Disco/Euro House
>
> Bemerkung: wurde in der Cover-Version der Pet Shop Boys populärer

Abbildung 19.23:Go West:Village People　　Abbildung 19.24:Go West:Pet Shop Boys

19.22 (561) Lambada

Titel: Lambada

> Interpret: Kaoma
>
> Veröffentlichung: 1989
>
> Genre: Pop Latino
>
> Bemerkung: wurde zu einem Millionenseller

Abbildung 19.25: Lambada: Kaoma

19.23 (562) Macarena

Titel: Macarena

> Interpret 1: Los del Rio

Veröffentlichung 1: 1993

Interpret 2: Bayside Boys

Veröffentlichung 2: 1995

Genre: Latin Pop/Flamenco/Dance-Pop

Abbildung 19.26:Macarena:Los del Rio   Abbildung 19.27:Macarena:Bayside Boys

19.24   (563) Scatman's World

Titel: Scatman's World

Interpret: Scatman John

Veröffentlichung: 1995

Genre: Pop/Eurodance/House/Techno/Scat

Bemerkung: Scat = rhythmisch und melodisch aneinandergereihte Silbenfolgen im Gospel- und im Jazzgesang

Abbildung 19.28: Scatman's World: Scatman John

19.25   (564) Dance the Night Away

Titel: Dance the Night Away

Interpret: The Mavericks

Veröffentlichung: 1998

Genre: Pop-Rock/Latin

Abbildung 19.29: Dance the Night Away: The Mavericks

19.26 (565) Mambo No. 5 ("A Little Bit of ...")

Titel: Mambo No. 5 ("A Little Bit of ...")

   Interpret 1: Pérez Prado

   Veröffentlichung 1: 1949

   Genre 1: Mambo/Jive Dance, instrumental

   Interpret 2: Lou Bega

   Veröffentlichung 2: 1999

   Genre 2: Dance-Pop/Pop Latino

   Bemerkung: wurde zum Sommerhit durch die Version von Lou Bega

Abbildung 19.30:
Mambo No. 5 ("A Little Bit of ..."):
Pérez Prado

Abbildung 19.31:
Mambo No. 5 ("A Little Bit of ..."):
Lou Bega

19.27 (566) Coco Jamboo

Titel: Coco Jamboo

   Interpret: Mr. President

   Veröffentlichung: 1996

   Genre: Eurodance/Pop/Reggae Fusion

   Bemerkung: wurde zum Hit v.a. in Europa

Abbildung 19.32: Coco Jamboo: Mr. President

19.28 (567) Julia

Titel: Julia

   Interpret: Chris Rea

   Veröffentlichung: 1993

   Genre: Soft-Rock

Abbildung 19.33: Julia: Chris Rea

19.29   (568) I Believe I Can Fly

Titel: I Believe I Can Fly

Interpret: R. Kelly

Veröffentlichung: 1996

Genre: Rythm and Blues/Soul/Gospel

Bemerkung: Titelsong des Films "Space Jam" von 1996

Abbildung 19.34: I Believe I Can Fly: R. Kelly

19.30   (569) I Want It That Way

Titel: I Want It That Way

Interpret: Backstreet Boys

Veröffentlichung: 1999

Genre: Pop

Abbildung 19.35: I Want It That Way: Backstreet Boys

19.31   (570) Barbie Girl

Titel: Barbie Girl

Interpret: Aqua

Veröffentlichung: 1997

Genre: Bubblegum Pop/Eurodance/Elektropop

Abbildung 19.36: Barbie Girl: Aqua

19.32 (571) My Love

Titel: My Love
  Interpret: Westlife
  Veröffentlichung: 2000
  Genre: Pop/Teen Pop/Ballade

Abbildung 19.37: My Love: Westlife

19.33 (572) You're Beautiful

Titel: You're Beautiful
  Interpret: James Blunt
  Veröffentlichung: 2004
  Genre: Alternative Rock/Pop-Rock/Soft Rock

Abbildung 19.38: You're Beautiful: James Blunt

19.34 (573) Dragostea din tei

Titel: Dragostea din tei
  Interpret: O-Zone
  Veröffentlichung: 2003
  Genre: Eurodance/Dance-Pop/House
  Bemerkung: House = elektronische Tanzmusik

Abbildung 19.39: Dragostea din tei: O-Zone

19.35 (574) Viva la Vida

Titel: Viva la Vida
 Interpret 1: Coldplay
 Veröffentlichung 1: 2008
 Interpret 2: Orgel Cover
 Veröffentlichung 2: 2010
 Genre: Baroque Pop/Orchestral Pop/Art Rock

Abbildung 19.40:Viva la Vida:Coldplay

Abbildung 19.41:
Viva la Vida:
Orgel Cover

19.36 (575) Perfect

Titel: Perfect
 Interpret: Ed Sheeran
 Veröffentlichung: 2017
 Genre: Pop
 Bemerkung: hohe Chartplatzierungen 2018

Abbildung 19.42: Perfect: Ed Sheeran

Kapitel 20

Herausragende Instrumentalstücke außerhalb Genre

20.1 (576) Auld Lang Syne

Titel: Auld Lang Syne

   Komponist: traditionell

   Veröffentlichung: 1711

   Gattung: pentatonisches schottisches Volkslied

   Bemerkung: schon früh populär durch Pfadfinderbewegung

Abbildung 20.1: Auld Lang Syne: traditionell

20.2 (577) Hava Nagila

Titel: Hava Nagila

   Interpret 1: André Rieu

   Veröffentlichung 1: 2010

   Interpret 2: traditionell

   Veröffentlichung 2: traditionell

   Genre: hebräisches Volkslied

   Bemerkung: wird traditionell auf Festen gesungen, mehrere moderne Interpretationen

Abbildung 20.2:Hava Nagila:André Rieu   Abbildung 20.3:Hava Nagila:traditionell

20.3 (578) Amazing Grace

Titel: Amazing Grace

Interpret: The Royal Scots Dragoon Guards

Veröffentlichung: 1972

Genre: englischsprachiges geistliches Lied von etwa 1830

Bemerkung: zahlreiche moderne Versionen

Abbildung 20.4: Amazing Grace: The Royal Scots Dragoon Guards

20.4 (579) Liberty Bell March

Titel: Liberty Bell March

Komponist 1: John Philip Sousa

Veröffentlichung 1: 1893

Komponist 2: Monty Python's Flying Circus

Veröffentlichung 2: 1969

Gattung: Amerikanischer Militärmarsch

Bemerkung: bekannt durch die Intro von "Monty Python's Flying Circus"

Abbildung 20.5:   Abbildung 20.6:
Liberty Bell March: Liberty Bell March:
John Philip Sousa   Monty Python's Flying Circus

20.5 (580) Waltzing Matilda

Titel: Waltzing Matilda

Komponist: James Barr bzw. Banjo Paterson

Veröffentlichung: 1818 bzw. 1895

Genre: australisches Volkslied

Bemerkung: auf der Grundlage der Melodie des schottischen Liedes "Thou Bonnie Wood of Craigielea",
Interpretation: Slim Dusty

Abbildung 20.7: Waltzing Matilda: James Barr bzw. Banjo Paterson

20.6   (581) El Choclo

Titel: El Choclo

Komponist: Angel Villoldo

Veröffentlichung: 1903

Gattung: einer der meistgespielten Tangos

Abbildung 20.8: El Choclo: Angel Villoldo

20.7   (582) Guantanamera

Titel: Guantanamera

Interpret: Joseíto Fernandez

Veröffentlichung: 1929

Genre: Guajira/Latin

Bemerkung: geht auf eine Guajira-Melodie der kubanischen Musik zurück, zahlreiche Cover-Versionen

Abbildung 20.9: Guantanamera: Joseíto Fernandez

20.8   (583) El Cóndor Pasa

Titel: El Cóndor Pasa

Interpret 1: Daniel Alomía Robles

Veröffentlichung 1: 1913

Genre 1: Instrumentalstück

Interpret 2: Simon & Garfunkel

Veröffentlichung 2: 1970

Genre 2: Folk-Rock/Andean Music

Bemerkung: das Original ist eine peruanische Volksweise, international bekannt durch Simon and Garfunkel ('If I Could")

Abbildung 20.10:
El Cóndor Pasa:
Daniel Alomía Robles

Abbildung 20.11:
El Cóndor Pasa:
Simon & Garfunkel

20.9   (584) Bésame mucho

Titel: Bésame mucho

Komponist: Consuelo Velázquez

Veröffentlichung: 1941

Genre: instrumentales Liebeslied

Bemerkung: in unterschiedlichen Musikstilen interpretiert, entwickelte sich zum internationalen Hit und zum Jazzstandard

Abbildung 20.12: Bésame mucho: Consuelo Velázquez

20.10   (585) Malagueña

Titel: Malagueña

Interpret: Paco de Lucia

Veröffentlichung: 1964

Genre: Instrumentalstück für Gitarre

Bemerkung: ursprünglich spanischer Volkstanz des 19. Jahrhunderts

Abbildung 20.13: Malagueña: Paco de Lucia

20.11 (586) Colonel Bogey March (River Kwai March)

Titel: Colonel Bogey March (River Kwai March)

Komponist: Kenneth J. Alford (Frederick Joseph Ricketts)

Veröffentlichung: 1914

Gattung: Militärmarsch

Bemerkung: komponiert von Militärmusikkapellmeister Frederick Joseph Ricketts, später v.a. bekannt durch den Film "The Bridge on the River Kwai" (1957)

Abbildung 20.14: Colonel Bogey March (River Kwai March): Kenneth J. Alford (Frederick Joseph Ricketts)

20.12 (587) Danny Boy / A Londonderry Air

Titel: Danny Boy / A Londonderry Air

Komponist: Frederic Weatherly

Veröffentlichung: 1910

Gattung: volkstümliche irische Melodie

Bemerkung: inoffizielle Nationalhymne Nordirlands, etliche Cover-Versionen

Abbildung 20.15: Danny Boy / A Londonderry Air: Frederic Weatherly

20.13 (588) Auf einem persischen Markt

Titel: Auf einem persischen Markt

Komponist: Albert Ketèlbey

Veröffentlichung: 1920

Genre: Stück leichter klassischer Musik

Bemerkung: ahmt orientalischen Musikklang nach

Abbildung 20.16: Auf einem persischen Markt: Albert Ketèlbey

20.14 (589) Charmaine

Titel: Charmaine

Komponist: Ernö Rapée, Lew Pollack

Veröffentlichung: 1923

Gattung: Instrumentalstück

Bemerkung: bekannt durch die Interpretation von Mantovani und das Intro von "Dinner for One" (1963)

Abbildung 20.17: Charmaine: Ernö Rapée, Lew Pollack

20.15 (590) Harry-Lime-Thema

Titel: Harry-Lime-Thema

Komponist: Anton Karas

Veröffentlichung: 1949

Genre: auf der Zither gespielte Instrumentalmusik

Bemerkung: bekannt durch den Film "Der Dritte Mann" von 1949

Abbildung 20.18: Harry-Lime-Thema: Anton Karas

20.16 (591) Trompetenecho

Titel: Trompetenecho

Komponist: Slavko Avsenik

Veröffentlichung: 1954

Genre: Volkstümliche Musik

Bemerkung: erster großer Erfolg der Original Oberkrainer, die 1953 gegründet wurden

Abbildung 20.19: Trompetenecho: Slavko Avsenik

20.17 (592) Patricia

Titel: Patricia

Komponist: Pérez Prado

Veröffentlichung: 1958

Genre: Mambo, Instrumentalstück

Abbildung 20.20: Patricia: Pérez Prado

20.18 (593) Baby Elephant Walk

Titel: Baby Elephant Walk

Komponist: Henry Mancini

Veröffentlichung: 1962

Gattung: Instrumentalstück aus dem Film "Hatari!" (1962) mit Grammy-Auszeichnung

Abbildung 20.21: Baby Elephant Walk: Henry Mancini

20.19 (594) Wonderland by Night

Titel: Wonderland by Night

Komponist: Bert Kaempfert

Veröffentlichung: 1960

Genre: Instrumentalstück Jazz/Rhythm and Blues

Abbildung 20.22: Wonderland by Night: Bert Kaempfert

20.20 (595) A Swingin' Safari

Titel: A Swingin' Safari

Komponist: Bert Kaempfert

Veröffentlichung: 1962

Genre: Instrumentalstück Easy Listening/Kwela (südafrikanische Tanzmusik)

Abbildung 20.23: A Swingin' Safari: Bert Kaempfert

20.21 (596) Afrikaan Beat

Titel: Afrikaan Beat

Komponist: Bert Kaempfert

Veröffentlichung: 1962

Genre: Instrumentalstück Jazz

Abbildung 20.24: Afrikaan Beat: Bert Kaempfert

20.22 (597) That Happy Feeling

Titel: That Happy Feeling

   Komponist: Bert Kaempfert

   Veröffentlichung: 1962

   Genre: Instrumentalstück

   Bemerkung: 1956 komponiert von Guy Warren

Abbildung 20.25: That Happy Feeling: Bert Kaempfert

20.23 (598) Theme from A Summer Place

Titel: Theme from A Summer Place

   Komponist: Percy Faith & His Orchestra

   Veröffentlichung: 1959

   Gattung: Titelmelodie des Kinofilms "A Summer Place" (1959)

Abbildung 20.26: Theme from A Summer Place: Percy Faith & His Orchestra

20.24 (599) Elvira's Theme

Titel: Elvira's Theme

   Komponist: Percy Faith & His Orchestra

   Veröffentlichung: 1968

   Genre: moderne Orchestermusik

Abbildung 20.27: Elvira's Theme: Percy Faith & His Orchestra

20.25   (600) Elisabeth-Serenade

Titel: Elisabeth-Serenade

Interpret 1: Orchester Mantovani

Veröffentlichung 1: 1951

Interpret 2: Günter Kallmann Chor

Veröffentlichung 2: 1962

Genre: British Light Music

Bemerkung: ursprünglich geschrieben als Instrumentalstück von Ronald Binge (1951), verwendet im Operettenfilm "Die Försterchristel" (1962)

Abbildung 20.28:
Elisabeth-Serenade:
Orchester Mantovani

Abbildung 20.29:
Elisabeth-Serenade:
Günter Kallmann Chor

20.26   (601) Sail Along, Silv'ry Moon

Titel: Sail Along, Silv'ry Moon

Interpret 1: Bing Crosby

Veröffentlichung 1: 1937

Genre 1: Traditional Pop

Interpret 2: Billy Vaughn and His Orchestra

Veröffentlichung 2: 1957

Genre 2: Instrumentalstück

Abbildung 20.30:
Sail Along, Silv'ry Moon:
Bing Crosby

Abbildung 20.31:
Sail Along, Silv'ry Moon:
Billy Vaughn and His Orchestra

20.27   (602) Petite Fleur

Titel: Petite Fleur

Komponist: Sidney Bechet

Veröffentlichung: 1952

Genre: Instrumentalstück für Saxophon

Bemerkung: etablierte sich als Jazzstandard

Abbildung 20.32: Petite Fleur: Sidney Bechet

20.28   (603) Stranger on the Shore

Titel: Stranger on the Shore

Komponist: Acker Bilk

Veröffentlichung: 1961

Gattung: Instrumentalstück für Klarinette

Abbildung 20.33: Stranger on the Shore: Acker Bilk

20.29   (604) Take Five

Titel: Take Five

Interpret: Dave Brubeck

Veröffentlichung: 1959

Genre: Jazz

Abbildung 20.34: Take Five: Dave Brubeck

20.30   (605) One Note Samba

Titel: One Note Samba

Komponist: Antonio Carlos Jobim

Veröffentlichung: 1960

Genre: Bossa Nova

Bemerkung: entwickelte sich auch zum Jazzstandard

Abbildung 20.35: One Note Samba: Antonio Carlos Jobim

20.31   (606) Java

Titel: Java

Komponist: Al Hirt

Veröffentlichung: 1963

Gattung: instrumentale Jazz-Adaption einer Komposition für Klavier von 1958

Abbildung 20.36: Java: Al Hirt

20.32   (607) Wheels

Titel: Wheels

Komponist: Billy Vaughn

Veröffentlichung: 1960

Gattung: instrumentales Musikstück aus dem Bereich der Popmusik

Abbildung 20.37: Wheels: Billy Vaughn

20.33   (608) Hawaii Tattoo

Titel: Hawaii Tattoo

Interpret: The Waikikis

Veröffentlichung: 1964

Genre: Surf Rock

Abbildung 20.38: Hawaii Tattoo: The Waikikis

20.34 (609) Mexico

Titel: Mexico

Komponist: Willy Schobben und Orchester

Veröffentlichung: 1962

Genre: Instrumentalversion von "Brandend Zand"

Abbildung 20.39: Mexico: Willy Schobben und Orchester

20.35 (610) A Taste of Honey

Titel: A Taste of Honey

Interpret 1: Acker Bilk

Veröffentlichung 1: 1963

Interpret 2: Herb Alpert

Veröffentlichung 2: 1965

Genre: Jazz/Funk/Instrumentalstück

Bemerkung: ursprünglich komponiert vom Bobby Scott Quartet (1960), wurde durch die Version von Herb Alpert zum Millionenseller

Abbildung 20.40:
A Taste of Honey:
Acker Bilk

Abbildung 20.41:
A Taste of Honey:
Herb Alpert

20.36   (611) Spanish Flea

Titel: Spanish Flea

Komponist: Herb Alpert and The Tijuana Brass

Veröffentlichung: 1965

Genre: Instrumentalstück für Trompete

Abbildung 20.42: Spanish Flea: Herb Alpert and The Tijuana Brass

20.37   (612) Mahna Mahna

Titel: Mahna Mahna

Komponist 1: Piero Umiliani

Veröffentlichung 1: 1968

Komponist 2: Adaption The Muppet Show

Veröffentlichung 2: 1969

Genre: Filmmusik/Easy Listening

Bemerkung: stammt aus dem italienischen Film "Svezia, inferno e paradiso" (1968)

Abbildung 20.43:
Mahna Mahna:
Piero Umiliani

Abbildung 20.44:
Mahna Mahna:
Adaption The Muppet Show

20.38   (613) Bonanza

Titel: Bonanza

Interpret: Al Caiola and His Orchestra

Veröffentlichung: 1961

Genre: instrumentales Titelthema der gleichnamigen Fernseh-Westernserie

Abbildung 20.45: Bonanza: Al Caiola and His Orchestra

20.39   (614) For a few Dollars more

Titel: For a few Dollars more

  Komponist: Ennio Morricone

  Veröffentlichung: 1965

  Gattung: Italowestern-Titelmusik zum gleichnamigen Film (1965)

Abbildung 20.46: For a few Dollars more: Ennio Morricone

20.40   (615) The Good, The Bad and The Ugly

Titel: The Good, The Bad and The Ugly

  Komponist: Ennio Morricone

  Veröffentlichung: 1966

  Gattung: Western-Titelmusik zum gleichnamigen Film (1966)

Abbildung 20.47: The Good, The Bad and The Ugly: Ennio Morricone

20.41   (616) I was Kaiser Bill's Batman

Titel: I was Kaiser Bill's Batman

  Interpret: Whistling Jack Smith

  Veröffentlichung: 1967

  Genre: Novelty/Instrumental mit Pfeifen

Abbildung 20.48: I was Kaiser Bill's Batman: Whistling Jack Smith

20.42 (617) Albatross

Titel: Albatross

Interpret: Fleetwood Mac

Veröffentlichung: 1968

Genre: Instrumental Rock/Exotica/Lounge/Post-psychedelia/Blues

Abbildung 20.49: Albatross: Fleetwood Mac

20.43 (618) Highland Cathedral

Titel: Highland Cathedral

Komponist 1: Ulrich Roever, Michael Korb

Veröffentlichung 1: 1982

Komponist 2: Bläck Fööss

Veröffentlichung 2: 2002

Bemerkung: ursprünglich instrumental, Bläck Fööss Titel: "Du bess die Stadt"

Abbildung 20.50:
Highland Cathedral:
Ulrich Roever, Michael Korb

Abbildung 20.51:
Highland Cathedral:
Bläck Fööss

20.44 (619) Il Silenzio

Titel: Il Silenzio

Interpret: Nini Rosso

Veröffentlichung: 1964

Genre: Instrumentalstück für Trompete

Bemerkung: gehört weltweit zu den meistverkauften Instrumentalaufnahmen

Abbildung 20.52: Il Silenzio: Nini Rosso

20.45   (620) Dolannes Melodie

Titel: Dolannes Melodie

Interpret: Jean-Claude Borelly

Veröffentlichung: 1974

Genre: Instrumental für Trompete

Bemerkung: zahlreiche Cover

Abbildung 20.53: Dolannes Melodie: Jean-Claude Borelly

20.46   (621) Lara's Thema (aus Dr. Schiwago)

Titel: Lara's Thema (aus Dr. Schiwago)

Komponist: Maurice Jarre

Veröffentlichung: 1965

Bemerkung: Hauptmotiv aus dem Film "Dr. Schiwago" (1965)

Abbildung 20.54: Lara's Thema (aus Dr. Schiwago): Maurice Jarre

20.47   (622) Alexis Zorbas

Titel: Alexis Zorbas

Komponist: Mikis Theodorakis

Veröffentlichung: 1964

Gattung: auch als Ballet-Suite

Bemerkung: bekannt durch den gleichnamigen Film von 1964

Abbildung 20.55: Alexis Zorbas: Mikis Theodorakis

20.48 (623) Soleado / Tränen lügen nicht

Titel: Soleado / Tränen lügen nicht

Komponist 1: Zacar (Ciro Dammicco)

Veröffentlichung 1: 1974

Genre 1: Instrumentalstück

Komponist 2: Michael Holm

Veröffentlichung 2: 1974

Genre 2: Pop/Schlager

Bemerkung: etliche Cover-Versionen in anderen Ländern und Sprachen

Abbildung 20.56:
Soleado / Tränen lügen nicht:
Zacar (Ciro Dammicco)

Abbildung 20.57:
Soleado / Tränen lügen nicht:
Michael Holm

20.49 (624) Verde

Titel: Verde

Interpret: Ricky King

Veröffentlichung: 1976

Bemerkung: die vorhandene Melodie wurde durch den Echo-Effekt zum Hit

Abbildung 20.58: Verde: Ricky King

20.50   (625) Argentina

Titel: Argentina

Interpret: Conquistador

Veröffentlichung: 1978

Genre: Instrumentalstück für Gitarre und Flöte

Bemerkung: niederländische Gruppe

Abbildung 20.59: Argentina: Conquistador

20.51   (626) Cavatina

Titel: Cavatina

Interpret: John Williams

Veröffentlichung: 1978

Genre: instrumentales Gitarrenstück

Bemerkung: in den Filmen "The Walking Stick" (1970) und "The Deer Hunter" (1978), ursprünglich bezeichnet "Cavatina" ein Gesangsstück in der Oper

Abbildung 20.60: Cavatina: John Williams

20.52   (627) Music Box Dancer

Titel: Music Box Dancer

Komponist: Frank Mills

Veröffentlichung: 1978

Gattung: Instrumentalstück für Klavier

Abbildung 20.61: Music Box Dancer: Frank Mills

20.53   (628) New York, New York

Titel: New York, New York

Interpret: Frank Sinatra

Veröffentlichung: 1979

Genre: Swing/Jazz/Broadway

Bemerkung: ursprünglich Titelthema des gleichnamigen Films von 1977

Abbildung 20.62: New York, New York: Frank Sinatra

20.54   (629) Arabian Affair

Titel: Arabian Affair

Interpret: The Abdul Hassan Orchestra

Veröffentlichung: 1978

Bemerkung: orientalisch anmutende Melodie

Abbildung 20.63: Arabian Affair: The Abdul Hassan Orchestra

20.55   (630) Lucifer

Titel: Lucifer

Interpret: Alan Parsons Project

Veröffentlichung: 1979

Genre: Progressive Rock

Bemerkung: bekannt durch die Intro des TV-Magazins "Monitor", nur in Deutschland und Österreich erfolgreiches Instrumentalstück

Abbildung 20.64: Lucifer: Alan Parsons Project

20.56 (631) Riverdance

Titel: Riverdance

Interpret: Michael Flatley

Veröffentlichung: 1994

Genre: irischer Stepptanz

Bemerkung: ursprünglich eine Tanzeinlage für den Eurovision Song Contest 1994

Abbildung 20.65: Riverdance: Michael Flatley

20.57 (632) Lord of the Dance

Titel: Lord of the Dance

Interpret: Michael Flatley

Veröffentlichung: 1996

Genre: Irish-Dance-Show

Abbildung 20.66: Lord of the Dance: Michael Flatley

20.58 (633) Feet of Flames

Titel: Feet of Flames

Interpret: Michael Flatley

Veröffentlichung: 1998

Genre: Irish-Dance-Show

Abbildung 20.67: Feet of Flames: Michael Flatley

20.59   (634) The Magic Waltz

Titel: The Magic Waltz

Interpret: Ernie Lamprell

Veröffentlichung: 1998

Bemerkung: Musikstück aus dem Film "The Legend of 1900" von 1998

Abbildung 20.68: The Magic Waltz: Ernie Lamprell

Kapitel 21

Weihnachtsklassiker

21.1   (635) Joy to the World

Titel: Joy to the World

Komponist: Lowell Mason, Isaac Watts (Text)

Erstaufführung: um 1835

Abbildung 21.1: Joy to the World: Lowell Mason, Isaac Watts (Text)

21.2   (636) Stille Nacht, heilige Nacht

Titel: Stille Nacht, heilige Nacht

Komponist: Franz Xaver Gruber, Joseph Mohr (Text)

Erstaufführung: 1818

Abbildung 21.2: Stille Nacht, heilige Nacht: Franz Xaver Gruber, Joseph Mohr (Text)

21.3   (637) Santa Claus is Comin' to Town

Titel: Santa Claus is Comin' to Town

Interpret 1: Harry Reser and His Band

Veröffentlichung 1: 1934

Interpret 2: Frank Sinatra

Veröffentlichung 2: 1960er

Abbildung 21.3:
Santa Claus is Comin' to Town:
Harry Reser and His Band

Abbildung 21.4:
Santa Claus is Comin' to Town:
Frank Sinatra

21.4   (638) I'm dreaming of a White Christmas

Titel: I'm dreaming of a White Christmas

Interpret: Bing Crosby

Veröffentlichung: 1942

Bemerkung: mit den Ken Darby Singers and John Scott Trotter and His Orchestra, bekannt durch den Film "Holiday Inn" (1942)

Abbildung 21.5: I'm dreaming of a White Christmas: Bing Crosby

21.5   (639) Let it Snow!

Titel: Let it Snow!

Interpret 1: Bing Crosby

Veröffentlichung 1: 1945

Interpret 2: Dean Martin

Veröffentlichung 2: 1959

Abbildung 21.7:
Let it Snow!:
Dean Martin

Abbildung 21.6:Let it Snow!:Bing Crosby

21.6 (640) Jingle Bell Rock

Titel: Jingle Bell Rock
   Interpret: Bobby Helms
   Veröffentlichung: 1957
   Bemerkung: bekannt durch die Serie "Glee"

Abbildung 21.8: Jingle Bell Rock: Bobby Helms

21.7 (641) Feliz Navidad

Titel: Feliz Navidad
   Komponist: José Feliciano
   Veröffentlichung: 1970
   Genre: modernes spanisches Weihnachtslied im Latin-Rhythmus
   Bemerkung: hat sich in vielen Ländern zu einem beliebten Weihnachtslied entwickelt

Abbildung 21.9: Feliz Navidad: José Feliciano

21.8 (642) Mary's Boy Child

Titel: Mary's Boy Child
   Interpret 1: Harry Belafonte
   Veröffentlichung 1: 1956
   Interpret 2: Boney M.
   Veröffentlichung 2: 1978

Abbildung 21.10:
Mary's Boy Child:
Harry Belafonte

Abbildung 21.11:
Mary's Boy Child:
Boney M.

21.9 (643) Wonderful Christmastime

Titel: Wonderful Christmastime

Komponist: Paul McCartney

Veröffentlichung: 1979

Genre: Synth-Pop

Bemerkung: moderner Weihnachtsklassiker

Abbildung 21.12: Wonderful Christmastime: Paul McCartney

21.10 (644) So this is Christmas

Titel: So this is Christmas

Interpret 1: John Lennon

Veröffentlichung 1: 1971

Interpret 2: Céline Dion

Veröffentlichung 2: 1998

Bemerkung: stammt von John Lennon/Yoko Ono als Protestlied gegen den Vietnamkrieg, alternativer Titel: "War is over"

Abbildung 21.13:
So this is Christmas:
John Lennon

Abbildung 21.14:
So this is Christmas:
Céline Dion

21.11 (645) Stop the Cavalry

Titel: Stop the Cavalry

Komponist: Jona Lewie

Veröffentlichung: 1980

Genre: Anti-Kriegs-Weihnachtslied

Bemerkung: trotz der munteren Melodie thematisiert es den Ersten Weltkrieg vor dem Zeitgeschehen des Kalten Kriegs

Abbildung 21.15: Stop the Cavalry: Jona Lewie

21.12   (646) Merry Christmas Everyone

Titel: Merry Christmas Everyone

  Interpret: Shakin' Stevens

  Veröffentlichung: 1985

Abbildung 21.16: Merry Christmas Everyone: Shakin' Stevens

21.13   (647) Driving Home for Christmas

Titel: Driving Home for Christmas

  Komponist: Chris Rea

  Veröffentlichung: 1986

  Genre: Pop-Rock

  Bemerkung: wurde zum modernen Weihnachtsklassiker in den 2000er Jahren

Abbildung 21.17: Driving Home for Christmas: Chris Rea

Kapitel 22

Retro im Stil der 20er/30er

22.1 (648) Kein Schwein ruft mich an

Titel: Kein Schwein ruft mich an

   Interpret: Max Raabe und Palast Orchester

   Veröffentlichung: 1992

   Genre: Retro der 1920er/1930er Jahre

Abbildung 22.1: Kein Schwein ruft mich an: Max Raabe und Palast Orchester

22.2 (649) Klonen kann sich lohnen

Titel: Klonen kann sich lohnen

   Interpret: Max Raabe und Palast Orchester

   Veröffentlichung: 2002

Abbildung 22.2: Klonen kann sich lohnen: Max Raabe und Palast Orchester

22.3 (650) Ein Tag wie Gold

Titel: Ein Tag wie Gold

   Interpret: Max Raabe und Palast Orchester

Veröffentlichung: 2022

Abbildung 22.3: Ein Tag wie Gold: Max Raabe und Palast Orchester

Kapitel 23

Austro-Pop

23.1 (651) Heast as net

Titel: Heast as net

Interpret: Hubert von Goisern und Die Alpinkatzen

Veröffentlichung: 1992

Genre: Austro-Pop

Abbildung 23.1: Heast as net: Hubert von Goisern und Die Alpinkatzen

23.2 (652) Koa Hiatamadl

Titel: Koa Hiatamadl

Interpret: Hubert von Goisern und Die Alpinkatzen

Veröffentlichung: 1992

Bemerkung: die volkstümliche Version stammt aus dem frühen 19. Jahrhundert

Abbildung 23.2: Koa Hiatamadl: Hubert von Goisern und Die Alpinkatzen

23.3 (653) Beautiful Seeress

Titel: Beautiful Seeress

Interpret: Herbert Pixner Projekt
Veröffentlichung: 2012?

Abbildung 23.3: Beautiful Seeress: Herbert Pixner Projekt

23.4 (654) Quattro

Titel: Quattro
Interpret: Herbert Pixner Projekt
Veröffentlichung: 2014

Abbildung 23.4: Quattro: Herbert Pixner Projekt

23.5 (655) Schifoan

Titel: Schifoan
Interpret: Wolfgang Ambros
Veröffentlichung: 1976
Genre: Austropop
Bemerkung: gilt als österreichische "Wintersport-Hymne"

Abbildung 23.5: Schifoan: Wolfgang Ambros

23.6 (656) Fürstenfeld

Titel: Fürstenfeld
Interpret: S.T.S.
Veröffentlichung: 1984

Bemerkung: war 14 Wochen in den österreichischen Charts

Abbildung 23.6: Fürstenfeld: S.T.S.

23.7 (657) Macho, Macho

Titel: Macho, Macho

Interpret: Rainhard Fendrich

Veröffentlichung: 1988

Bemerkung: der Titel verhalf Rainhard Fendrich in Deutschland und der Schweiz zum kommerziellen Durchbruch

Abbildung 23.7: Macho, Macho: Rainhard Fendrich

23.8 (658) Märchenprinz

Titel: Märchenprinz

Interpret 1: Erste Allgemeine Verunsicherung

Veröffentlichung 1: 1983

Interpret 2: EAV: Altersversion

Veröffentlichung 2: 2018

Abbildung 23.8:
Märchenprinz:
Erste Allgemeine Verunsicherung

Abbildung 23.9:
Märchenprinz:
EAV: Altersversion

23.9 (659) Fata Morgana

Titel: Fata Morgana

Interpret: Erste Allgemeine Verunsicherung

Veröffentlichung: 1985

Abbildung 23.10: Fata Morgana: Erste Allgemeine Verunsicherung

23.10 (660) Ba-Ba-Banküberfall

Titel: Ba-Ba-Banküberfall

Interpret: Erste Allgemeine Verunsicherung

Veröffentlichung: 1985

Abbildung 23.11: Ba-Ba-Banküberfall: Erste Allgemeine Verunsicherung

23.11 (661) Küss' die Hand schöne Frau

Titel: Küss' die Hand schöne Frau

Interpret: Erste Allgemeine Verunsicherung

Veröffentlichung: 1987

Abbildung 23.12: Küss' die Hand schöne Frau: Erste Allgemeine Verunsicherung

23.12 (662) An der Copacabana

Titel: An der Copacabana

Interpret: Erste Allgemeine Verunsicherung

Veröffentlichung: 1988

Abbildung 23.13: An der Copacabana: Erste Allgemeine Verunsicherung

Kapitel 24

Schlager-Musik mit eingängigem Text

24.1 (663) Amor, Amor, Amor

Titel: Amor, Amor, Amor

Komponist: Gabriel Ruiz

Veröffentlichung: 1943

Genre: Latin

Bemerkung: zahlreiche Cover-Versionen

Abbildung 24.1: Amor, Amor, Amor: Gabriel Ruiz

24.2 (664) Capri-Fischer

Titel: Capri-Fischer

Interpret: Rudi Schuricke

Veröffentlichung: 1946

Genre: Schlager

Abbildung 24.2: Capri-Fischer: Rudi Schuricke

24.3 (665) Pack die Badehose ein

Titel: Pack die Badehose ein

Interpret: Cornelia Froboess

Veröffentlichung: 1951

Genre: Schlager

Bemerkung: Komponist ist der Vater Gerhard Froboess, beschreibt die sommerlichen Badefreuden am Berliner Strandbad Wannsee

Abbildung 24.3: Pack die Badehose ein: Cornelia Froboess

24.4 (666) Wenn der weiße Flieder wieder blüht

Titel: Wenn der weiße Flieder wieder blüht

Komponist: Franz Doelle

Veröffentlichung: 1953

Bemerkung: bekannt durch den gleichnamigen Film von 1953

Abbildung 24.4: Wenn der weiße Flieder wieder blüht: Franz Doelle

24.5 (667) Arrivederci Roma

Titel: Arrivederci Roma

Interpret: Lys Assia

Veröffentlichung: 1955

Genre: Schlager

Abbildung 24.5: Arrivederci Roma: Lys Assia

24.6 (668) Tiritomba

Titel: Tiritomba
  Interpret: Margot Eskens
  Veröffentlichung: 1956
  Genre: Schlager

Abbildung 24.6: Tiritomba: Margot Eskens

24.7 (669) Komm ein bisschen mit nach Italien

Titel: Komm ein bisschen mit nach Italien
  Interpret: Caterina Valente
  Veröffentlichung: 1956
  Genre: Schlager
  Bemerkung: bekannt durch den Film "Bonjour Kathrin" von 1956

Abbildung 24.7: Komm ein bisschen mit nach Italien: Caterina Valente

24.8 (670) Tipitipitipso

Titel: Tipitipitipso
  Interpret: Caterina Valente
  Veröffentlichung: 1957
  Genre: Schlager
  Bemerkung: aus dem Film "Das einfache Mädchen" (1957)

Abbildung 24.8: Tipitipitipso: Caterina Valente

24.9 (671) Nel blu, dipinto di blu (Volare)

Titel: Nel blu, dipinto di blu (Volare)

Interpret: Domenico Modugno & Alberto Semprini

Veröffentlichung: 1958

Genre: Pop

Bemerkung: Platz Drei beim "Grand Prix Eurovision de la Chanson" von 1958

Abbildung 24.9: Nel blu, dipinto di blu (Volare): Domenico Modugno & Alberto Semprini

24.10 (672) (Das machen nur) Die Beine von Dolores

Titel: (Das machen nur) Die Beine von Dolores

Interpret: Gerhard Wendland

Veröffentlichung: 1957

Genre: Schlager

Bemerkung: bekannt durch den gleichnamigen Revuefilm (1957)

Abbildung 24.10: (Das machen nur) Die Beine von Dolores: Gerhard Wendland

24.11 (673) Tulpen aus Amsterdam

Titel: Tulpen aus Amsterdam

Interpret: Mieke Telkamp

Veröffentlichung: 1959

Genre: Lied im Walzerstil

Bemerkung: mehrfache Cover-Versionen, Komposition von Ralf Arnie (1956)

Abbildung 24.11: Tulpen aus Amsterdam: Mieke Telkamp

24.12   (674) Que sera, sera

Titel: Que sera, sera

Interpret: Doris Day

Veröffentlichung: 1956

Genre: Popsong

Bemerkung: ursprünglich geschrieben für den Film "Der Mann, der zuviel wußte" (The Man Who Knew Too Much, 1956), zahlreiche Cover-Versionen

Abbildung 24.12: Que sera, sera: Doris Day

24.13   (675) Marina

Titel: Marina

Interpret: Rocco Granata

Veröffentlichung: 1959

Genre: Chanson/Popsong

Abbildung 24.13: Marina: Rocco Granata

24.14   (676) Ramona

Titel: Ramona

Interpret 1: Gene Austin

Veröffentlichung 1: 1928

Interpret 2: The Blue Diamonds

Veröffentlichung 2: 1960

Genre: Jazz/Pop Vocal

Bemerkung: ursprünglich im Film "Ramona" von 1928

Abbildung 24.15:
Ramona:
The Blue Diamonds

Abbildung 24.14:Ramona:Gene Austin

24.15 (677) Itsy Bitsy Teenie Weenie Yellow Polka Dot Bikini

Titel: Itsy Bitsy Teenie Weenie Yellow Polka Dot Bikini

Interpret 1: Brian Hyland

Veröffentlichung 1: 1960

Interpret 2: Caterina Valente u. Silvio Francesco

Veröffentlichung 2: 1960

Bemerkung: mehrere Cover-Versionen

Abbildung 24.16:
Itsy Bitsy Teenie Weenie Yellow Polka Dot
Bikini:
Brian Hyland

Abbildung 24.17:
Itsy Bitsy Teenie Weenie Yellow Polka Dot
Bikini:
Caterina Valente u. Silvio Francesco

24.16 (678) Wooden Heart

Titel: Wooden Heart

Interpret: Elvis Presley

Veröffentlichung: 1960

Genre: Pop

Bemerkung: englische Adaption des deutschen Volksliedes "Muss i denn zum Städtele hinaus", Elvis Presley lernte die Melodie bei seinem Miltärdienst in Deutschland kennen

Abbildung 24.18: Wooden Heart: Elvis Presley

24.17   (679) Am Sonntag will mein Süßer mit mir segeln geh'n

Titel: Am Sonntag will mein Süßer mit mir segeln geh'n

Interpret 1: Paul Godwin

Veröffentlichung 1: 1929

Interpret 2: Dany Mann mit Old Merry Tale Jazzband

Veröffentlichung 2: 1961

Genre: Schlager/Dixie

Bemerkung: gleichnamiger Film von 1961

Abbildung 24.19:
Am Sonntag will mein Süßer mit mir se-
geln geh'n:
Paul Godwin

Abbildung 24.20:
Am Sonntag will mein Süßer mit mir se-
geln geh'n:
Dany Mann mit Old Merry Tale Jazzband

24.18   (680) Kriminal-Tango

Titel: Kriminal-Tango

Interpret: Hazy-Osterwald-Sextett

Veröffentlichung: 1959

Genre: Schlager

Bemerkung: einige Cover-Versionen

Abbildung 24.21: Kriminal-Tango: Hazy-Osterwald-Sextett

24.19   (681) Ich will keine Schokolade

Titel: Ich will keine Schokolade

Interpret: Trude Herr

Veröffentlichung: 1959

Abbildung 24.22: Ich will keine Schokolade: Trude Herr

24.20 (682) Zwei kleine Italiener

Titel: Zwei kleine Italiener

Interpret: Conny Froboess

Veröffentlichung: 1962

Abbildung 24.23: Zwei kleine Italiener: Conny Froboess

24.21 (683) Lady Sunshine and Mister Moon

Titel: Lady Sunshine and Mister Moon

Interpret: Cornelia Froboess

Veröffentlichung: 1962

Bemerkung: Froboess' zweiter international erfolgreicher Titel

Abbildung 24.24: Lady Sunshine and Mister Moon: Cornelia Froboess

24.22 (684) Wir wollen niemals auseinandergeh'n

Titel: Wir wollen niemals auseinandergeh'n

Interpret: Heidi Brühl

Veröffentlichung: 1960?

Genre: Schlager

Bemerkung: im gleichnamigen Film von 1960 sang Vivi Bach dieses Lied, Nummer-Eins-Hit in Deutschland

Abbildung 24.25: Wir wollen niemals auseinandergeh'n: Heidi Brühl

24.23 (685) Die Liebe ist ein seltsames Spiel

Titel: Die Liebe ist ein seltsames Spiel
  Interpret: Connie Francis
  Veröffentlichung: 1960
  Genre: Schlager

Abbildung 24.26: Die Liebe ist ein seltsames Spiel: Connie Francis

24.24 (686) Tanze mit mir in den Morgen

Titel: Tanze mit mir in den Morgen
  Interpret: Gerhard Wendland
  Veröffentlichung: 1961
  Genre: Schlager
  Bemerkung: Nummer-Eins-Hit in Deutschland

Abbildung 24.27: Tanze mit mir in den Morgen: Gerhard Wendland

24.25 (687) Seemann, deine Heimat ist das Meer / Sailor

Titel: Seemann, deine Heimat ist das Meer / Sailor
  Interpret 1: Lolita
  Veröffentlichung 1: 1959
  Interpret 2: Petula Clark
  Veröffentlichung 2: 1961
  Genre: Schlager

Abbildung 24.28:
Seemann, deine Heimat ist das Meer / Sailor:
Lolita

Abbildung 24.29:
Seemann, deine Heimat ist das Meer / Sailor:
Petula Clark

24.26 (688) Mit 17 hat man noch Träume

Titel: Mit 17 hat man noch Träume

Interpret: Peggy March

Veröffentlichung: 1965

Genre: Schlager

Bemerkung: wurde er zu einem ihrer größten Hits und bekanntesten Titel in Deutschland

Abbildung 24.30: Mit 17 hat man noch Träume: Peggy March

24.27 (689) Siebzehn Jahr, blondes Haar

Titel: Siebzehn Jahr, blondes Haar

Interpret: Udo Jürgens

Veröffentlichung: 1965

Genre: Schlager

Bemerkung: auch im gleichnamigen Musikfilm von 1966

Abbildung 24.31: Siebzehn Jahr, blondes Haar: Udo Jürgens

24.28 (690) Weiße Rosen aus Athen

Titel: Weiße Rosen aus Athen

Interpret: Nana Mouskouri

Veröffentlichung: 1961

Genre: Schlager

Abbildung 24.32: Weiße Rosen aus Athen: Nana Mouskouri

24.29   (691) Schuld war nur der Bossa Nova

Titel: Schuld war nur der Bossa Nova

Interpret: Manuela

Veröffentlichung: 1963

Bemerkung: dt. Version von "Blame It on the Bossa Nova" von Cynthia Weil und Barry Mann (1963)

Abbildung 24.33: Schuld war nur der Bossa Nova: Manuela

24.30   (692) Quando, Quando, Quando

Titel: Quando, Quando, Quando

Interpret 1: Caterina Valente

Veröffentlichung 1: 1962

Interpret 2: Engelbert Humperdinck

Veröffentlichung 2: 1969

Genre: Bossa Nova

Bemerkung: komponiert von Tony Renis and Emilio Pericoli für das Sanremo Music Festival 1962, später internationaler Erfolg mit etlichen Cover-Versionen

Abbildung 24.34:
Quando, Quando, Quando:
Caterina Valente

Abbildung 24.35:
Quando, Quando, Quando:
Engelbert Humperdinck

24.31   (693) Schöner fremder Mann

Titel: Schöner fremder Mann

Interpret: Connie Francis

Veröffentlichung: 1961

Genre: Rock-'n'-Roll/Schlager

Bemerkung: Cover-Version zum englischen Titel aus demselben Jahr

Abbildung 24.36: Schöner fremder Mann: Connie Francis

24.32   (694) Liebeskummer lohnt sich nicht

Titel: Liebeskummer lohnt sich nicht

Interpret: Siw Malmkvist

Veröffentlichung: 1964

Genre: Schlager

Bemerkung: Nummer-Eins-Hit in Deutschland

Abbildung 24.37: Liebeskummer lohnt sich nicht: Siw Malmkvist

24.33   (695) Ich will 'nen Cowboy als Mann

Titel: Ich will 'nen Cowboy als Mann

Interpret: Gitte Hænning

Veröffentlichung: 1963

Abbildung 24.38: Ich will 'nen Cowboy als Mann: Gitte Hænning

24.34 (696) Lucky Lips / Rote Lippen soll man küssen

Titel: Lucky Lips / Rote Lippen soll man küssen

Interpret 1: Cliff Richard and The Shadows

Veröffentlichung 1: 1963

Interpret 2: Peter Kraus

Veröffentlichung 2: 1964

Bemerkung: erster Interpret war 1957 Ruth Brown, Cliff Richard machte daraus einen Welthit

Abbildung 24.39:
Lucky Lips / Rote Lippen soll man küssen:
Cliff Richard and The Shadows

Abbildung 24.40:
Lucky Lips / Rote Lippen soll man küssen:
Peter Kraus

24.35 (697) Ohne Krimi geht die Mimi nie ins Bett

Titel: Ohne Krimi geht die Mimi nie ins Bett

Interpret: Bill Ramsey

Veröffentlichung: 1962

Bemerkung: bekannt auch durch den gleichnamigen Film von 1962

Abbildung 24.41: Ohne Krimi geht die Mimi nie ins Bett: Bill Ramsey

24.36 (698) Marmor, Stein und Eisen bricht

Titel: Marmor, Stein und Eisen bricht

Interpret: Drafi Deutscher

Veröffentlichung: 1965

Abbildung 24.42: Marmor, Stein und Eisen bricht: Drafi Deutscher

24.37 (699) (Is This the Way to) Amarillo?

Titel: (Is This the Way to) Amarillo?

Interpret: Tony Christie

Veröffentlichung: 1971

Genre: Pop/Schlager

Bemerkung: einige Cover-Versionen, ein Millionenseller in der ersten Version

Abbildung 24.43: (Is This the Way to) Amarillo?: Tony Christie

24.38 (700) Mendocino

Titel: Mendocino

Interpret: Michael Holm

Veröffentlichung: 1969

Abbildung 24.44: Mendocino: Michael Holm

24.39 (701) Eviva España

Titel: Eviva España

Interpret: Imca Marina

Veröffentlichung: 1971

Genre: Schlager-Cover

Bemerkung: Urheberin ist die belgische Sängerin Samantha

Abbildung 24.45: Eviva España: Imca Marina

24.40 (702) Azzurro

Titel: Azzurro

    Interpret: Adriano Celentano

    Veröffentlichung: 1968

    Genre: ital. Popsong

Abbildung 24.46: Azzurro: Adriano Celentano

24.41 (703) Arrivederci Hans

Titel: Arrivederci Hans

    Interpret: Rita Pavone

    Veröffentlichung: 1968

    Genre: Schlager

Abbildung 24.47: Arrivederci Hans: Rita Pavone

24.42 (704) Sehnsucht (Das Lied der Taiga)

Titel: Sehnsucht (Das Lied der Taiga)

    Interpret: Alexandra

    Veröffentlichung: 1968

    Genre: Schlager

Abbildung 24.48: Sehnsucht (Das Lied der Taiga): Alexandra

24.43 (705) Für mich soll's rote Rosen regnen

Titel: Für mich soll's rote Rosen regnen

Interpret: Hildegard Knef

Veröffentlichung: 1968

Genre: Chanson

Abbildung 24.49: Für mich soll's rote Rosen regnen: Hildegard Knef

24.44 (706) Akropolis Adieu

Titel: Akropolis Adieu

Interpret 1: Mireille Mathieu

Veröffentlichung 1: 1971

Interpret 2: Folies Parisiennes

Veröffentlichung 2: 1983

Genre: Schlager

Bemerkung: v.a. in Deutschland, Belgien und der Schweiz ein Hit, die Parodie der Folies Parisiennes stammt aus "Bio's Bahnhof" (Alfred Biolek)

Abbildung 24.50:
Akropolis Adieu:
Mireille Mathieu

Abbildung 24.51:
Akropolis Adieu:
Folies Parisiennes

24.45 (707) L'amour est bleu / Love is Blue

Titel: L'amour est bleu / Love is Blue

Interpret 1: Vicky Leandros

Veröffentlichung 1: 1967

Genre 1: Chanson francaise

Interpret 2: Paul Mauriat

Veröffentlichung 2: 1968

Genre 2: Easy Listening/Baroque Pop/Orchestral Pop

Bemerkung: Beitrag Luxemburgs zum Eurovision Song Contest 1967

Abbildung 24.52:
L'amour est bleu / Love is Blue:
Vicky Leandros

Abbildung 24.53:
L'amour est bleu / Love is Blue:
Paul Mauriat

24.46   (708) Je t'aime moi non plus

Titel: Je t'aime moi non plus

Interpret: Serge Gainsbourg und Jane Birkin

Veröffentlichung: 1969

Genre: Chanson/Psychedelic Pop/Baroque Pop

Bemerkung: erste Version 1967 mit Brigitte Bardot

Abbildung 24.54: Je t'aime moi non plus: Serge Gainsbourg und Jane Birkin

24.47   (709) Congratulations

Titel: Congratulations

Interpret: Cliff Richard

Veröffentlichung: 1968

Genre: Pop/Schlager

Bemerkung: Beitrag von Großbritannien zum Eurovision Song Contest 1968

Abbildung 24.55: Congratulations: Cliff Richard

24.48   (710) Tür an Tür mit Alice

Titel: Tür an Tür mit Alice

Interpret: Howard Carpendale

Veröffentlichung: 1977

Bemerkung: dt. Version von "Living Next Door to Alice" (New World 1972, Smokie 1976)

Abbildung 24.56: Tür an Tür mit Alice: Howard Carpendale

24.49   (711) Wir zwei fahren irgendwo hin

Titel: Wir zwei fahren irgendwo hin

Interpret: Peter Rubin

Veröffentlichung: 1973

Genre: Schlager

Abbildung 24.57: Wir zwei fahren irgendwo hin: Peter Rubin

24.50   (712) Ein bisschen Spass muss sein

Titel: Ein bisschen Spass muss sein

Interpret: Roberto Blanco

Veröffentlichung: 1973

Abbildung 24.58: Ein bisschen Spass muss sein: Roberto Blanco

24.51   (713) Über den Wolken

Titel: Über den Wolken

Interpret: Reinhard Mey

Veröffentlichung: 1974

Bemerkung: inspiriert durch Meys eigene Flugerfahrungen

Abbildung 24.59: Über den Wolken: Reinhard Mey

24.52 (714) Goodbye, My Love, Goodbye

Titel: Goodbye, My Love, Goodbye

Interpret: Demis Roussos

Veröffentlichung: 1973

Genre: Pop/Schlager

Abbildung 24.60: Goodbye, My Love, Goodbye: Demis Roussos

24.53 (715) Griechischer Wein

Titel: Griechischer Wein

Interpret: Udo Jürgens

Veröffentlichung: 1974

Abbildung 24.61: Griechischer Wein: Udo Jürgens

24.54 (716) Theo wir fahr'n nach Lodz

Titel: Theo wir fahr'n nach Lodz

Interpret: Vicky Leandros

Veröffentlichung: 1974

Genre: Schlager

Bemerkung: in Deutschland ein Nummer-Eins-Hit

Abbildung 24.62: Theo wir fahr'n nach Lodz: Vicky Leandros

24.55 (717) Du hast den Farbfilm vergessen

Titel: Du hast den Farbfilm vergessen

Interpret: Nina Hagen

Veröffentlichung: 1974

Genre: Schlager

Bemerkung: größter Hit von Nina Hagen in der DDR

Abbildung 24.63: Du hast den Farbfilm vergessen: Nina Hagen

24.56 (718) Wann wird's mal wieder richtig Sommer

Titel: Wann wird's mal wieder richtig Sommer

Interpret: Rudi Carrell

Veröffentlichung: 1975

Abbildung 24.64: Wann wird's mal wieder richtig Sommer: Rudi Carrell

24.57 (719) Er gehört zu mir

Titel: Er gehört zu mir

Interpret: Marianne Rosenberg

Veröffentlichung: 1975

Genre: Schlager

Abbildung 24.65: Er gehört zu mir: Marianne Rosenberg

24.58 (720) Aber bitte mit Sahne

Titel: Aber bitte mit Sahne

Interpret: Udo Jürgens

Veröffentlichung: 1976

Abbildung 24.66: Aber bitte mit Sahne: Udo Jürgens

24.59 (721) Im Wagen vor mir

Titel: Im Wagen vor mir

Interpret: Henry Valentino mit Uschi

Veröffentlichung: 1977

Abbildung 24.67: Im Wagen vor mir: Henry Valentino mit Uschi

24.60 (722) Tanze Samba mit mir

Titel: Tanze Samba mit mir

Interpret: Tony Holiday

Veröffentlichung: 1977

Genre: Schlager-Cover

Bemerkung: Original ist das Lied "A far l'amore comincia tu" von 1976 der italien. Sängerin Raffaella Carra

Abbildung 24.68: Tanze Samba mit mir: Tony Holiday

24.61 (723) Mit 66 Jahren

Titel: Mit 66 Jahren

Interpret: Udo Jürgens

Veröffentlichung: 1977

Abbildung 24.69: Mit 66 Jahren: Udo Jürgens

24.62 (724) Hello, Good Morning

Titel: Hello, Good Morning

Interpret: Nick MacKenzie

Veröffentlichung: 1980

Genre: Schlager

Abbildung 24.70: Hello, Good Morning: Nick MacKenzie

24.63 (725) Dschinghis Khan

Titel: Dschinghis Khan

Interpret: Dschinghis Khan

Veröffentlichung: 1979

Bemerkung: deutscher Beitrag zum Eurovision Song Contest 1979

Abbildung 24.71: Dschinghis Khan: Dschinghis Khan

24.64   (726) Take it easy, altes Haus

Titel: Take it easy, altes Haus

Interpret: Truck Stop

Veröffentlichung: 1979

Genre: Country

Bemerkung: holte den zweiten Platz beim Vorentscheid zum Eurovision Song Contest 1979

Abbildung 24.72: Take it easy, altes Haus: Truck Stop

24.65   (727) Bruttosozialprodukt

Titel: Bruttosozialprodukt

Interpret: Geier Sturzflug

Veröffentlichung: 1978

Genre: Neue Deutsche Welle/Ska

Bemerkung: Nummer-Eins-Hit in Deutschland, Österreich und der Schweiz

Abbildung 24.73: Bruttosozialprodukt: Geier Sturzflug

24.66   (728) Babicka

Titel: Babicka

Interpret: Karel Gott

Veröffentlichung: 1979

Bemerkung: das Lied zählt zu Gotts bekanntesten Liedern

Abbildung 24.74: Babicka: Karel Gott

24.67 (729) Theater

Titel: Theater

Interpret: Katja Ebstein

Veröffentlichung: 1980

Genre: Schlager/Chanson

Bemerkung: Beitrag Deutschlands zum Eurovision Song Contest 1980 in Den Haag

Abbildung 24.75: Theater: Katja Ebstein

24.68 (730) Albany

Titel: Albany

Interpret: Roger Whittaker

Veröffentlichung: 1981

Abbildung 24.76: Albany: Roger Whittaker

24.69 (731) Dich zu lieben

Titel: Dich zu lieben

Interpret: Roland Kaiser

Veröffentlichung: 1981

Genre: Schlager

Abbildung 24.77: Dich zu lieben: Roland Kaiser

24.70   (732) Urlaub, mach mal Urlaub

Titel: Urlaub, mach mal Urlaub
   Interpret: Ulla Norden
   Veröffentlichung: 1981
   Genre: Schlager
   Bemerkung: deutsche Version von "Hands up" von Ottawan (siehe oben Kapitel "Disco-Sound")

Abbildung 24.78: Urlaub, mach mal Urlaub: Ulla Norden

24.71   (733) Adios Amor

Titel: Adios Amor
   Interpret: Andy Borg
   Veröffentlichung: 1981
   Genre: Schlager
   Bemerkung: Nummer-Eins-Hit in Deutschland und Österreich

Abbildung 24.79: Adios Amor: Andy Borg

24.72   (734) Ein bisschen Frieden

Titel: Ein bisschen Frieden
   Interpret: Nicole
   Veröffentlichung: 1982
   Genre: Pop/Schlager
   Bemerkung: deutscher Beitrag zum Eurovision Song Contest 1982

Abbildung 24.80: Ein bisschen Frieden: Nicole

24.73   (735) Skandal im Sperrbezirk

Titel: Skandal im Sperrbezirk
  Interpret: Spider Murphy Gang
  Veröffentlichung: 1981
  Genre: Neue Deutsche Welle

Abbildung 24.81: Skandal im Sperrbezirk: Spider Murphy Gang

24.74   (736) Schickeria

Titel: Schickeria
  Interpret: Spider Murphy Gang
  Veröffentlichung: 1981
  Genre: Neue Deutsche Welle

Abbildung 24.82: Schickeria: Spider Murphy Gang

24.75   (737) Über sieben Brücken mußt du gehn

Titel: Über sieben Brücken mußt du gehn
  Interpret 1: Karat
  Veröffentlichung 1: 1978
  Interpret 2: Peter Maffay
  Veröffentlichung 2: 1980
  Bemerkung: Peter Maffay machte den Hit von Karat im Westen bekannt

Abbildung 24.83:
Über sieben Brücken mußt du gehn:
Karat

Abbildung 24.84:
Über sieben Brücken mußt du gehn:
Peter Maffay

24.76   (738) Jenseits von Eden

Titel: Jenseits von Eden

Interpret: Nino de Angelo

Veröffentlichung: 1983

Genre: Schlager

Bemerkung: deutsche Version des "Guardian Angel" von Drafi Deutscher (1983)

Abbildung 24.85: Jenseits von Eden: Nino de Angelo

24.77   (739) Sternenhimmel

Titel: Sternenhimmel

Interpret: Hubert Kah

Veröffentlichung: 1982

Genre: Neue Deutsche Welle

Abbildung 24.86: Sternenhimmel: Hubert Kah

24.78   (740) 99 Luftballons

Titel: 99 Luftballons

Interpret: Nena

Veröffentlichung: 1983

Genre: Neue Deutsche Welle

Abbildung 24.87: 99 Luftballons: Nena

24.79   (741) Da Da Da, ich lieb dich nicht du liebst mich nicht

Titel: Da Da Da, ich lieb dich nicht du liebst mich nicht
  Interpret: Trio
  Veröffentlichung: 1982
  Genre: Neue Deutsche Welle

Abbildung 24.88: Da Da Da, ich lieb dich nicht du liebst mich nicht: Trio

24.80   (742) Major Tom ("Völlig losgelöst")

Titel: Major Tom ("Völlig losgelöst")
  Interpret: Peter Schilling
  Veröffcntlichung: 1982
  Genre: Neue Deutsche Welle
  Bemerkung: wurde auch in ganz Europa populär

Abbildung 24.89: Major Tom ("Völlig losgelöst"): Peter Schilling

24.81   (743) Live Is Life

Titel: Live Is Life
  Interpret: Opus
  Veröffentlichung: 1984
  Genre: Reggae/Pop-Rock
  Bemerkung: ab 1985 internationaler Hit-Status

Abbildung 24.90: Live Is Life: Opus

24.82 (744) Wahnsinn

Titel: Wahnsinn

Interpret: Wolfgang Petry

Veröffentlichung: 1983

Abbildung 24.91: Wahnsinn: Wolfgang Petry

24.83 (745) Dein ist mein ganzes Herz

Titel: Dein ist mein ganzes Herz

Interpret: Heinz Rudolf Kunze

Veröffentlichung: 1985

Genre: Deutschrock

Abbildung 24.92: Dein ist mein ganzes Herz: Heinz Rudolf Kunze

24.84 (746) Hello Again

Titel: Hello Again

Interpret: Howard Carpendale

Veröffentlichung: 1984

Genre: Schlager

Bemerkung: Top-10-Hit in Deutschland, Österreich und der Schweiz

Abbildung 24.93: Hello Again: Howard Carpendale

24.85   (747) Aber die Liebe bleibt

Titel: Aber die Liebe bleibt
  Interpret: Nana Mouskouri
  Veröffentlichung: 1984
  Genre: Schlager
  Bemerkung: Originaltitel "Only Love", bekannt durch die Fernsehserie "Erben der Liebe"

Abbildung 24.94: Aber die Liebe bleibt: Nana Mouskouri

24.86   (748) Wenn i mit dir tanz

Titel: Wenn i mit dir tanz
  Interpret: Nicki
  Veröffentlichung: 1986
  Genre: Schlager
  Bemerkung: gehört zu Nickis größten Hits

Abbildung 24.95: Wenn i mit dir tanz: Nicki

24.87   (749) Lang scho nimmer g'sehn

Titel: Lang scho nimmer g'sehn
  Interpret: Haindling
  Veröffentlichung: 1984
  Genre: Bayrisch-Pop
  Bemerkung: wurde Deutschland-weit bekannt durch "Bios Bahnhof" und die "ZDF-Hitparade"

Abbildung 24.96: Lang scho nimmer g'sehn: Haindling

24.88 (750) Laß die Sonne in dein Herz

Titel: Laß die Sonne in dein Herz

Interpret: Wind

Veröffentlichung: 1987

Bemerkung: deutscher Beitrag zum Eurovision Song Contest 1987

Abbildung 24.97: Laß die Sonne in dein Herz: Wind

24.89 (751) Verdammt, ich lieb' Dich

Titel: Verdammt, ich lieb' Dich

Interpret: Matthias Reim

Veröffentlichung: 1990

Genre: Schlager

Abbildung 24.98: Verdammt, ich lieb' Dich: Matthias Reim

24.90 (752) Anton aus Tirol

Titel: Anton aus Tirol

Interpret 1: Walter & die Bunten Vögel

Veröffentlichung 1: 1991

Interpret 2: DJ Ötzi

Veröffentlichung 2: 1999

Bemerkung: 1999 neu aufgelegt wurde das Lied durch DJ Ötzi überregional bekannt

Abbildung 24.99: Anton aus Tirol: Walter & die Bunten Vögel/DJ Ötzi

24.91 (753) Ein Stern der Deinen Namen trägt

Titel: Ein Stern der Deinen Namen trägt

Interpret: Nik P. und DJ Ötzi

Veröffentlichung: 1998

Genre: Partyschlager

Bemerkung: Nummer-Eins-Hit in Deutschland

Abbildung 24.100: Ein Stern der Deinen Namen trägt: Nik P. und DJ Ötzi

24.92 (754) Küss mich, halt mich, lieb mich

Titel: Küss mich, halt mich, lieb mich

Komponist: Karel Svoboda

Veröffentlichung: 2009

Genre: Filmmusik

Bemerkung: getextet und gesungen von Ella Endlich 2009, die Melodie ist bekannt durch den populären Märchenfilm "Drei Haselnüsse für Aschenbrödel" (1973)

Abbildung 24.101: Küss mich, halt mich, lieb mich: Karel Svoboda

Kapitel 25

Witzige Schlager

25.1   (755) Baby Sittin' Boogie

Titel: Baby Sittin' Boogie

    Interpret 1: Buzz Clifford

    Veröffentlichung 1: 1960

    Interpret 2: Ralf Bendix

    Veröffentlichung 2: 1961

Abbildung 25.1:
Baby Sittin' Boogie:
Buzz Clifford

Abbildung 25.2:
Baby Sittin' Boogie:
Ralf Bendix

25.2   (756) Zuckerpuppe (... aus der Bauchtanzgruppe)

Titel: Zuckerpuppe (... aus der Bauchtanzgruppe)

    Interpret: Bill Ramsey

    Veröffentlichung: 1961

Abbildung 25.3: Zuckerpuppe (... aus der Bauchtanzgruppe): Bill Ramsey

25.3 (757) Pigalle ("Die große Mausefalle")

Titel: Pigalle ("Die große Mausefalle")

Interpret: Bill Ramsey

Veröffentlichung: 1961

Abbildung 25.4: Pigalle ("Die große Mausefalle"): Bill Ramsey

25.4 (758) Fährt der alte Lord fort

Titel: Fährt der alte Lord fort

Interpret: Heinz Erhardt

Veröffentlichung: 1963

Genre: Schlager

Bemerkung: vor allem auch die Gedichte des beliebten Humoristen sind noch in Erinnerung

Abbildung 25.5: Fährt der alte Lord fort: Heinz Erhardt

25.5 (759) Ich liebte ein Mädchen

Titel: Ich liebte ein Mädchen

Interpret: Insterburg und Co.

Veröffentlichung: 1973

Bemerkung: deutsche Komikerband mit Ingo Insterburg, Karl Dall, Peter Ehlebracht und Jürgen Barz

Abbildung 25.6: Ich liebte ein Mädchen: Insterburg und Co.

25.6 (760) Schmidtchen Schleicher

Titel: Schmidtchen Schleicher

    Interpret: Nico Haak

    Veröffentlichung: 1975

Abbildung 25.7: Schmidtchen Schleicher: Nico Haak

25.7 (761) Kreuzberger Nächte

Titel: Kreuzberger Nächte

    Interpret: Gebrüder Blattschuss

    Veröffentlichung: 1978

Abbildung 25.8: Kreuzberger Nächte: Gebrüder Blattschuss

25.8 (762) Sing, mei' Sachse sing

Titel: Sing, mei' Sachse sing

    Komponist: Jürgen Hart (Text), Arndt Bause

    Veröffentlichung: 1979

    Genre: Schlager

    Bemerkung: humoristische "Hymne" auf Sachsen, das es während der DDR nicht gab

Abbildung 25.9: Sing, mei' Sachse sing: Jürgen Hart (Text), Arndt Bause

25.9 (763) Du, die Wanne ist voll

Titel: Du, die Wanne ist voll

Interpret: Dieter Hallervorden und Helga Feddersen

Veröffentlichung: 1978

Bemerkung: Parodie auf "You're the One That I Want" von 1978 (siehe weiter oben)

Abbildung 25.10: Du, die Wanne ist voll: Dieter Hallervorden und Helga Feddersen

25.10 (764) Polonäse Blankenese

Titel: Polonäse Blankenese

Interpret: Gottlieb Wendehals (Werner Böhm)

Veröffentlichung: 1981

Bemerkung: das bekannteste und erfolgreichste Stimmungslied von Werner Böhm

Abbildung 25.11: Polonäse Blankenese: Gottlieb Wendehals (Werner Böhm)

25.11 (765) Der Papa wird's schon richten

Titel: Der Papa wird's schon richten

Interpret: Peter Alexander

Veröffentlichung: 1981

Genre: Schlager

Abbildung 25.12: Der Papa wird's schon richten: Peter Alexander

25.12 (766) Bodo mit dem Bagger

Titel: Bodo mit dem Bagger

Interpret: Mike Krüger

Veröffentlichung: 1984

Genre: Schlager

Abbildung 25.13: Bodo mit dem Bagger: Mike Krüger

25.13 (767) Jetzt kommt dein Süßer

Titel: Jetzt kommt dein Süßer

Interpret: Helga Hahnemann

Veröffentlichung: 1983

Genre: humoristischer Schlager

Bemerkung: Helga Hahnemann war auch populär als Entertainerin, Kabarettistin und Schauspielerin

Abbildung 25.14: Jetzt kommt dein Süßer: Helga Hahnemann

25.14 (768) An der Nordseeküste

Titel: An der Nordseeküste

Interpret: Klaus und Klaus

Veröffentlichung: 1985

Bemerkung: die Melodie stammt von dem traditionellen irischen Volkslied "The Wild Rover"

Abbildung 25.15: An der Nordseeküste: Klaus und Klaus

25.15 (769) Alles hat ein Ende nur die Wurst hat zwei

Titel: Alles hat ein Ende nur die Wurst hat zwei

Interpret: Stephan Remmler

Veröffentlichung: 1986

Bemerkung: auch die Version von Gottlieb Wendehals ist bekannt

Abbildung 25.16: Alles hat ein Ende nur die Wurst hat zwei: Stephan Remmler

25.16 (770) Ich bin der Martin, ne ... ?!

Titel: Ich bin der Martin, ne ... ?!

Interpret: Diether Krebs mit Gundula Ulbrich

Veröffentlichung: 1992

Abbildung 25.17: Ich bin der Martin, ne ... ?!: Diether Krebs mit Gundula Ulbrich

25.17 (771) Mief! / Nimm mich jetzt, auch wenn ich stinke!

Titel: Mief! / Nimm mich jetzt, auch wenn ich stinke!

Interpret: Die Doofen (Wigald Boning, Olli Dittrich)

Veröffentlichung: 1995

Bemerkung: bekannt durch die Comedy "Samstag Nacht"

Abbildung 25.18: Mief! / Nimm mich jetzt, auch wenn ich stinke!: Die Doofen (Wigald Boning, Olli Dittrich)

25.18 (772) Mer losse d'r Dom en Kölle

Titel: Mer losse d'r Dom en Kölle
   Interpret: Bläck Fööss
   Veröffentlichung: 1973
   Genre: Karnevalsschlager

Abbildung 25.19: Mer losse d'r Dom en Kölle: Bläck Fööss

25.19 (773) Pizza Wundaba

Titel: Pizza Wundaba
   Interpret: De Höhner
   Veröffentlichung: 1987
   Genre: Karnevalsschlager

Abbildung 25.20: Pizza Wundaba: De Höhner

25.20 (774) Die Karawane zieht weiter

Titel: Die Karawane zieht weiter
   Interpret: De Höhner
   Veröffentlichung: 1997
   Genre: Karnevalsschlager

Abbildung 25.21: Die Karawane zieht weiter: De Höhner

Seitenindex

Verzeichnis der Komponisten bzw. Interpreten

Index